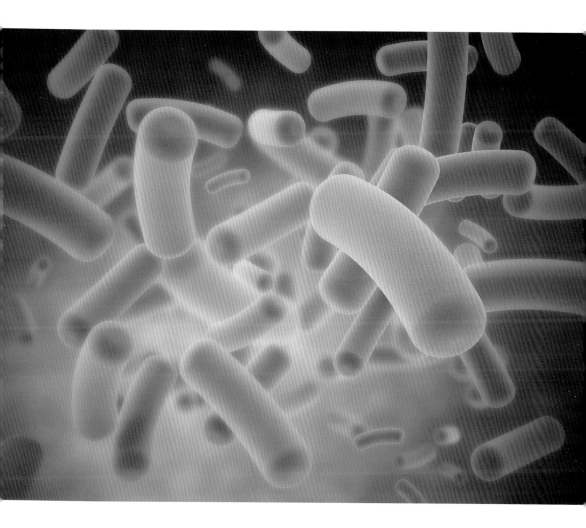

微生物猎人传

[美]保罗·德·克鲁伊夫　著

小袋鼠工作室　编译

黑龙江科学技术出版社

图书在版编目（CIP）数据

微生物猎人传／（美）保罗·德·克鲁伊夫
（Paul de Kruif）著；小袋鼠工作室编译 . —哈尔滨 ：
黑龙江科学技术出版社，2019.6

ISBN 978 - 7 - 5719 - 0185 - 1

Ⅰ.①微… Ⅱ.①保… ②小… Ⅲ.①自然科学—生
物学家—列传—世界 Ⅳ.①K816.15

中国版本图书馆 CIP 数据核字（2019）第 100229 号

微生物猎人传

WEISHENGWU LIEREN ZHUAN

[美] 保罗·德·克鲁伊夫 著 小袋鼠工作室 编译

项目总监	薛方闻
策划编辑	孙 勃 王 哲
责任编辑	刘 杨
封面设计	新华环宇教育科技有限公司
出 版	黑龙江科学技术出版社
	地址：哈尔滨市南岗区公安街 70 - 2 号 邮编：150001
	电话：(0451) 53642106 传真：(0451) 53642143
	网址：www. lkcbs. cn
发 行	全国新华书店
印 刷	辽宁新华印务有限公司
开 本	787 mm×1092 mm 1/16
印 张	9.5
插 页	10
字 数	140 千字
版 次	2019 年 6 月第 1 版
印 次	2019 年 6 月第 1 次印刷
书 号	ISBN 978 - 7 - 5719 - 0185 - 1
定 价	28.50 元

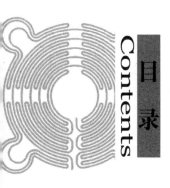

目 录 Contents

第一章　列文虎克——第一个微生物猎人

1

300 多年①前，有个人叫安东尼·列文虎克，他发现了一个人们从来就不知道的神秘的世界。那世界里有成千上万种微小的生物，这些生物中有些对人有益，有些危害人体，它们对人类的影响甚至比大陆或岛屿对人类还重要。

列文虎克没有被人们赞颂与怀念，更没有多少人知道是他第一个发现那些神奇的微小生物。这一章讲的就是列文虎克——第一个微生物猎人的故事以及继他之后的勇士们追求真理的传奇生涯。他们是那么不辞辛苦、仔细地窥察这奇特的世界。这个世界的详图将被微生物猎人以及战士一起描绘。为了这个伟大的工作，他们在黑暗中摸索，手忙脚乱，抱着渺茫的希望在错误中前行。有些战士被他们研究的微小的生物所杀——他们从此告别这世界，没有人知道他们是谁，做过什么贡献。

现在的科学工作者是受人敬重的。被称为科学家的人都是焦点人物：他们的实验室分布在各个城市；报刊的头版上刊登着他们的成就，哪怕科研项目还没有成功。想要成为万人瞩目的科学家或教授，需要你在大学的时候致力于科学研究，久而久之便可成功。让我们回想 300 多年前列文虎克的时代吧。比如说你尚未高中毕业，还不了解多少科学知识，这时候你的老父亲告诉你，为什么你会患上腮腺炎。你父亲会说是有个叫腮腺炎的小怪物在你不注意的时候进

---

① 原文为"200 年"，本版改为"300 多年"。

1

入你的身体作怪。因为他在你心里的地位崇高，对于他的说法不论是真是假你不会过多地追问——因为你知道你与一家之长对抗的后果，这便是权威的力量！

而300多年前列文虎克出生的时代，迷信的思想尚在那个社会里猖狂，没有人意识到自己的想法有什么差错。那个时期的科学还处于萌芽阶段，科学的思想像一片落叶一样在风中飘摇不定。那样的社会里，塞尔维塔斯被残忍地烧死，原因就是他为探求人体构造解剖了尸体；伽利略被终身囚禁，只因为他反驳了"地心说"。

安东尼·列文虎克出生在1632年的荷兰德尔夫特市，那里运河比街道高，而且有蓝色的风车，市民阶层受到高度重视。列文虎克的父亲去世得早，母亲希望他能在政府谋个一官半职。遗憾的是，他在16岁的时候就离开了母校，去阿姆斯特丹的一家布店做了学徒。他在那里学到很多东西，对他来说那里就是大学。我们很难想象，一位科学家每天的实验训练都要在各样的布匹中，嘈杂的放置现金的抽屉碰撞的声音甚至是主妇们为那几分钱争得面红耳赤的环境中完成。作为店员，唯有彬彬有礼地克制才是工作日常。列文虎克就是在这样的"大学"里学习了6年！

21岁的他回到德尔夫特结婚并开了自己的布店。之后的20年没有多少人知道他的情况了，大概知道他又续娶了一个妻子，还生了几个儿女，不过大部分都夭折了。唯有一点是肯定的，就是在这些年里他在担任市政厅房屋管理员的时候对制作透镜喜欢得不得了。他听说，把一块玻璃磨成很薄的透镜时，可以透过它看见肉眼看不到的微小东西。当时的他在人们眼里是愚笨的。当时荷兰语的地位很低，是被上流社会蔑视的语言，

列文虎克

地位高的人用拉丁文交流，而这时他只会荷兰语，对拉丁文一窍不通。荷兰文《圣经》是他唯一读过的一本书。在我们看来他这是管窥蠡测，却像是特地为他的成功所准备的，对于那些谬论，他只有靠自己的亲身实践去判断。他那坚持己见的性格使他不会被任何困难打败。

想看到肉眼看不见的小东西，那就必须去买透镜吗？多疑的列文虎克立刻就否定了这个想法，他要制出透镜！在他消失的这十几二十年里他学到了一些关于磨透镜的知识。为了制造透境，他还走访过炼金术士以及药剂师，得到一点秘诀之后便笨手笨脚地做了起来。他磨的透镜的透明度可以与最好的磨透镜师磨的透镜的透明度媲美了之后，他还是没有满足，他那挑剔的性格一定要让他的透镜成为最好的，然后又花费很多精力去检查彻底才满意。列文虎克还会将他的透镜镶嵌在金、银、铜制的小圆形镜框里，他甚至强忍着烈火旁的怪味及烟熏只为了自己提炼那些小镜框。（现在看来，想要一副显微镜再简单不过了，只要花一些钱而不需要自己去研究和制造。）

列文虎克的执着让人很不解。尽管如此也没有什么能够挡得住他，哪怕他的手频频被烫伤。当他沉迷于工作的时候会忘了妻儿、朋友以及时间。邻居们对他的嘲笑依然不会减少。终于他制造出的"魔镜"——显微镜——直径不到八分之一英寸①，匀称又完美，那些肉眼看不到的东西通过它便一目了然。终于全荷兰只有他一个人会制造显微镜，即使他没有受过多少教育。他说："我很理解邻居们的嘲笑，因为他们知道的东西太少了。"这个自大的布匹商人也对自己的"魔镜"喜欢得不得了，时时刻刻地握在手里，恨不得将所有东西都用"魔镜"看看。透过"魔镜"他看到鲸鱼的肌肉纤维甚至自己的身上掉下的屑片。通过"魔镜"他惊奇于牛眼睛的水晶体组合之完美，通过"魔镜"他看到像粗木头一样的羊毛、海狸毛以及麋鹿毛的奇怪结构，通过"魔镜"他感叹跳蚤以及虱子那完美的腿。他还细致地解剖了苍蝇的脑袋，他对他的重大发现那么的惊喜！这时的他，就像小狗一样东瞅瞅西看看，不在乎什么东西臭不臭坏不坏，只要是个东西他都想用"魔镜"看看。

---

① 英寸，英美制长度单位，1 英寸合 0.0254 米。

2

绝对没有比列文虎克更多疑的人了，他对蜜蜂的刺或者虱子的腿看了一遍又一遍。显微镜也制了几百架，以至于每一样东西都用一个显微镜观察，反复仔细地观察它们几百次以后争取万无一失，才写下一句结论，再画成一个图。但他还是不会肯定自己的想法！他说："显微镜看到的总是经常变化。很多人都觉得我没有必要这么仔细认真、浪费精力，但是我喜欢，我依然用坚定的理念去写作！"尽管如此，过了 20 年依然没有什么读者。

在 17 世纪中叶，人们对"学问"等事熟悉到懒得去了解。更有叛逆的人说："什么亚里士多德，还有教皇的话我都不听，我只相信被实验检验的真理！"那时，英国有一个"无形学院"，是由几个革命者发起的学会。因为他们所研究的东西会使他们被克伦威尔处死，所以必须避人耳目。有人说，蜘蛛会被独角兽粉画成的圆困住。于是"无形学院"的学生们决定证实这个说法。

没错，这个实验是错的！罗伯特·玻意耳就是化学学科成员之一，以及艾萨克·牛顿。不久，查理二世登位，这个学院得到很大的荣耀甚至一跃而贵为"英国皇家学会"。以前只有雷尼尔·德·格拉夫不曾嘲笑列文虎克。因为他在人体卵巢里发现的有趣事物，所以他曾经是皇家学会会员。性情怪僻的列文虎克不会去相信人，但还是让格拉夫利用他的神奇显微镜去观察。德·格拉夫使用列文虎克的显微镜观察实验心里不服气，便请求皇家学会让列文虎克上交实验报告。

列文虎克的自信在别人看来是无知的。他写了一封很长的信，用的是他唯一懂的荷兰白话。信的标题很吸引人："列文虎克先生制造的显微镜所观察到的有关皮、肉等的构造，蜜蜂的刺及其他标本"。皇家学会的绅士们大为惊异并且很感兴趣，列文虎克让他们知道自己的显微镜是多么的神奇。皇家学会希望他能够给皇家学会更多的信息。从那以后，他们的信件交流越来越多。信里交谈的内容广泛：有关无关的，有用的没用的，奇怪奇特的美妙的，就是这么简单。

我们回想很多基本知识被人们发现时是那么的简单而好笑。对微生物来说，人们寻找几千年，它就在我们眼前却找不到。而现在，想要看到它们是那么的简单，通过荧屏或者任意一台显微镜就可以，资历最浅的医生都可以解说。但是第一次看到微生物是这样艰难。

所以我们应该崇拜列文虎克，在他之前是没有显微镜这个东西的，只有把"10分币"看成"25分币"那么大的放大镜。如果只有这些放大镜而没有他日夜兼程磨成的显微镜，那么这个荷兰人怎么观察也不会观察到这些微生物。他无视别人的嘲笑，以强烈的好奇心和满怀的热情，探察别人所不能想象的事物。那天，是一个显微镜玩具上的一小滴干净的雨水把他带进这奇妙的世界。没有人会想到用显微镜去看刚从天上掉下来的雨水，也没有人会猜测雨水里能有什么特别的东西，你可以设想他19岁的女儿玛利亚看着这个双目圆睁的父亲，赶到园子里，用他折成几个小段的玻璃管，把一支放在计雨量的陶罐上。他返回书房。把一支小玻璃管装到他的显微镜针上……可爱得发傻的父亲，到底在做什么？他凝视着显微镜嘀咕了几句……，接着，他忽然兴奋地叫了起来："啊！它们在游动，在玩耍！它们太小了，我们肉眼根本看不到！快来看！"

列文虎克，这个德尔夫特的房屋管理员，侦察这个肉眼看不到的世界；这里的小生物，它们不为人们所知道地生存、繁衍、斗争并且死亡着。但是这种小东西如同野兽般残害人类，甚至可以毁灭大于它们本身千万倍的人类种族。它们不声不响地暗杀婴儿于舒适的摇篮之中，谋害帝王于深宫禁院内。这些渺小的看似微不足道的却是残忍的小生命，列文虎克是第一个观察到它们的人类。

这也是他一生中得意的日子……

3

自然界充满奇特，他就是这样毫不客气地表示欣赏或者恐惧。我好想回到那个年代。那时候，人们脱离迷信，对多个不新奇的事物充满着好奇。若能走进列文虎克的身体里，感受着和他一样的感受，享受初次细看这些游动的"小生命"时的兴奋——那是多么奇妙的事情啊！

列文虎克是多疑的。这些微小的小生命太小了，又奇怪，都不像是真的。直到拿显微镜的手抽筋，眼酸流泪，他终于相信了自己是对的！然后他看到了比原先第一种大一些的、形状有些不一样的、更加灵活的另外一种。然后看见不一样的第三种、第四种游动着的、奔跑着的、很敏捷的小生命。"它们游到一个地方之后停下快速地转圈了。"列文虎克记述着。

列文虎克是个精明讲实际的人。他不会去编造理论，但是总想把这些小东西量出来。但是要制成能测量这些小东西的尺子谈何容易，他每天都皱着眉，思考着这最后一种最小的生物有多大。千百种物种每一样他都研究得那么的透彻；他不断地在记忆里摸索，终于得出结论："最后的那只是一只虱子的眼睛的一千分之一大！"非常精确。

但是，雨滴中的这种小动物是怎么来的呢？列文虎克相信上帝创造了宇宙万物。他信仰上帝，崇拜上帝把蜜蜂的翅制造得如此之美丽！但是列文虎克却是个唯物主义者。他广博的实验让他知道生命源于生物。他的信仰让他认为上帝在6天之内挥一挥手创造了所有生物，创造完之后便坐看人间云卷云舒，对世间的人进行奖励或者惩罚。那么上帝为什么要在雨里放进这些小生物？到底是怎么回事呢？于是他的决定就是："我要实验！"他将一个杯子洗干净并擦干，放在水管的出水口下，然后他用那细如发丝的小管子放进去一滴水。得到的结果和之前一样，证明不了什么。于是他有一个新的设想："它们会不会是生活在水管里的，跟着水一起冲下来罢了？"于是他顶着一个洗干净的大瓷盆，冲进雨里，放在一只大箱子上面，然后小心翼翼地观察与保护以得到最纯净的雨水，然后将雨水装进小管里继续试验。

"啊！水里没有'小动物'。它不是天上掉下来的！"

他对这水一直观察直到第四天，那些微小的生命开始在水里出现了。他决定进行进一步实验。他对各种各样的水，各种地方的水，干净的浑浊的、深的浅的水都进行观察。到处都有这种小东西的存在，特别渺小。列文虎克不知疲倦地观察这成群游动的就像一堆蚊子一样的小东西。

在列文虎克之前没有什么人有这样的发现，都是暗中摸索，免不了靠运气。他不满足他发现的这些东西，渴望更加清晰明了的原理。他会懊恼胡椒为什么辣，莫非是胡椒上有尖头刺到人的舌头？如果不是尖头又会是什么呢？

无论他每天怎么摆弄胡椒，被胡椒刺激得打喷嚏出汗都没有成功地使胡椒粒细小到可以放在显微镜下。经过水浸泡几个星期后胡椒粒终于软了。之后他又用细针把微小的胡椒屑拨开放在一小滴水里，然后再吸进他那细细的管子里，他看到一群新的"小动物"在翻滚着，各种各样的玩耍，列文虎克非常激动，他的发现让他忘记了最初是想找胡椒尖头的想法。

列文虎克将自己的发现一五一十地写信告诉伦敦的大人们。他依然是长长的篇幅，平常的言语：一滴胡椒水里，能够容纳 270 万个以上的这些"小动物"……

博学的怀疑主义者读了这封信，它让这整个学术团体十分惊讶！他们不可思议一个荷兰人说发现了那么小的微生物，荒唐的是一滴水里怎么可能有多于全国人数的数量的微生物！干酪虫才是最小动物。

不过有几个会员选择相信列文虎克，他一五一十地向他们说了这件事是多么的真实。于是这个会员回信列文虎克要求他将他的显微镜制作方法告诉他们。列文虎克很不愉快。那些他曾经崇拜的绅士在嘲笑他，他们简直是无知至极！列文虎克费了多大的努力与汗水才使他的显微镜那么完美啊！

皇家学会的成员不相信他发现的"小动物"的存在。这让他很伤心，但是创造者没有观众就没有意义了。所以他又给他们写了一封长长的信，在信里把发现"小动物"的每一个过程步骤甚至计算的方法的每一步都没有少一个符号地写了下来，列文虎克向他们保证他从不吹牛。他在信里还附上了几位有名的公证人的证明。当然，至于显微镜的制作方法他是不会告诉他们的。他这个多疑的人有时候就像一个小孩子一样小气，不允许别人碰他的"魔镜"。

没有办法得到列文虎克的显微镜的皇家学会只好委托罗伯特·胡克和内赫迈阿·格鲁去制作显微镜，然后做和列文虎克一样的实验。终于等到结果了，胡克带了显微镜来开会并且证实了列文虎克是对的！学会的会员们都惊奇了，纷纷上来围着显微镜，神奇得让他们目瞪口呆。列文虎克很高兴。他顺利地得到了一张盒子盖上有学会会徽的银盒子里的艳丽的会员证书。他坚定地说："我对皇家学会忠诚服务。"直到他 90 岁去世，他一直在给皇家学会寄信。皇家学会派莫利纽克斯博士前往，并写一份有关列文虎克的肉眼看不见的世界的发现者的报告。莫利纽克斯出高价买他那几百架显微镜中的一架他都不愿意。如果皇家会员想看的话，列文虎克会举着自己的显微镜对准这标本让他们观看，但是他会很警惕地看着他们，不让他们碰他的东西。

"你的显微镜比英国的最好的显微镜清楚 1000 倍啊！"莫利纽克斯提高音调说道。

列文虎克对他说："我非常愿意给先生看看我最好的显微镜，但是我不会让任何人知道这其中的奥秘与我的观察方法。"

4

他告诉皇家学会，这些小东西无处不在，在人们的嘴巴里不计其数。他在信上写道："我每天用盐使劲刷牙，刷干净大牙之后还使劲……"刷好牙之后，当他用镜子照的时候还有一点白色的东西。他想知道这是什么东西。同样地，他把这东西装在显微镜针上研究。

他看到了比之前看到的都还要小的生物，在管子里跳动，灵活得就像梭子鱼。还有好几种样式的、懒洋洋的、翻跟斗的小生命。这些多么地吸引列文虎克，他没有在意自己眼睛已经酸得发红了。看累了他就到处看看走动走动，遇上一个老人牙齿特别差，他忍不住就上前问了他上次刷牙是什么时候。老人说这辈子没有刷过牙……列文虎克把这个事也写到了信里。

他思考那老人的嘴里有一个丰富的动物园，把自己眼睛的酸疼忘得一干二净了。列文虎克不顾一切地把老人拉到了书房，开始研究！老人嘴巴里的动物简直上百万啊，特别的是，老人嘴里有一种新生物，滑溜滑溜的，像条蛇一样姿势优美地充满这细管子！列文虎克在他写的不计其数的信件里，都没有谈及它们是否对人有害。饮用水里有它们，嘴巴里也有它们，以及动物的肠子里有它们，甚至他自己的粪便里都有它们的存在。他没有想过人类的病痛是不是因为这些小东西。列文虎克从不会妄加定论。他知道世间万物是复杂的，控制生命的原因是很难找出来的。

时间在一点一点地过去。列文虎克的惊人发现也越来越丰富多彩，他在鱼尾上看到毛细血管，完成了英国人哈维对血液循环的发现。那永不疲倦的显微镜就是神圣的东西，充满浪漫色彩。一年年过去了，整个欧洲都知道了他的名字。甚至俄国彼得大帝以及英国女王的驾临仅仅是为了想通过他的显微镜看看另一个神奇的世界。皇家的无数迷信也被他破除。他获得的荣誉特别高，但它们不会使他头脑发昏，因为他的骄傲自大是近乎猖狂的，但是当他想到众人的无知时，他又是无比的谦卑。尽管信仰上帝，但真理才是他真正的上帝：

"反驳我的，只要给我一个合理的理由，我决不固执己见地接受，我相信只有真理才能使世界挣脱迷信，我追求真理，坚持真理。"

他80岁高龄的时候身体健康，手不颤，能稳稳地为客人举显微镜让他们观察微生物。他和所有荷兰人一样有一个爱好是晚上会饮上几杯，只可惜这样的话第二天早晨全身无力。列文虎克对身体生病原有自己的理论，他知道他的血液充满小球，经过血管到达动脉到达静脉循环着，便能拥有健康的身体，所以他讨厌医生，医生所知道的还不如他所知道的千分之一呢。他知道夜里狂饮的话会使血浆浓化堵塞，这种情况下只有将血冲淡。他在给皇家学会的信中说道："晚上吃喝过量的时候，第二天醒来就要喝热饮，咖啡挺好，要喝出一身汗。这样身体就会恢复，如果不能恢复的话，那么吃什么药都是没有用的。这么多年当我发热的时候这样便复原了。"

每接触一件事，他都会想着会不会和微生物有联系，他对研究微生物生活的热情就像小孩子想听神仙故事，他不知疲倦反复做着一件事——寻求真理。他的兴趣也永远得不到满足，他的自然科学书已经被翻得惨不忍睹。有一天醒来，在他喝了大量滚热咖啡，身上正在冒汗的时候，他竟然发现牙缝里的"小动物"都没有了，或者可以说全都死了。"上帝！"他大声嚷嚷，"只求皇家学会不去嘴巴里找那些小东西，要是找不到的话就不承认我上交过的报告了……"

滚热的咖啡几乎要烫到嘴唇，他在前牙齿缝里没有找到"小动物"，会不会在后齿？他用放大镜照自己的后齿。"天啊！"后齿的"小畜生"多得难以置信。接着，他在管子里又进行了一个精细的实验，当水稍微热一点时"小动物"立刻停止了灵活的往来跳动。水冷却之后，它们也没有活过来，都被热咖啡烫死了!

无法辨出这动物身体的头部尾部。它们的动作非常敏捷,转身的时候甚至没有看见它们转身的方向与过程。列文虎克猜想着它们肯定有头有尾还有血管!想到 40 年前,他看到跳蚤都有着与人类一样的复杂的身体结构,但是现在他怎么看这个小东西还只是棒球棍或螺旋体。于是他安慰自己说像平常一样推算出这小动物的血管,结果细微得吓别人一跳,他自己也开心一下。

列文虎克没有提出这些微生物——细菌是导致人类生病的主要原因,但是他指出过,这些肉眼看不到的微生物消灭了比自己大的生物。他在研究德尔夫特运河里的贻贝和水生贝动物。他看见每一个母贝里都有成千上万的小贝的胚胎。他非常纳闷:按照这样的繁殖规律的话,运河早应该被堵塞了啊,怎么回事?于是他把胎儿移到母体外养育。过了几天,他惊奇地发现这些鱼腥气的东西不在贝壳里了,被贻贝的成千上万微生物消灭了……

"适者生存,优胜劣汰,多么残酷。"他沉思,"如果贻贝没有被小生物吃掉,那我们的运河真的就被堵塞了!"于是安东尼·列文虎克也就坦然了。

80 岁以后,他像所有老人一样牙齿不好了,但是身体还是强健的。人老了要面对人生的冬季,他坦然着。他把他的牙齿拔了下来用显微镜研究,尽管已经做了上百次,但他还是想看看或许里面还有什么新的生物呢。他 85 岁了,朋友们都劝他放下研究。他提起眉头,精神倍儿爽地说:"秋天的果子生命力最旺盛!"所以 85 岁对他来说还不是冬季。

列文虎克喜欢吸引观众。他听到哲学家和爱好科学的人喝彩的时候特别开心!列文虎克给这些人讲述的是一个不一样的奇妙的世界。他就像一位教师一样。"我不喜欢教别人,"他在给哲学家莱布尼茨的信上写道,"我若教一个人,那我就必须教另一个人……我会没有自由得像奴隶一样,我是一个向往自由的人。"

莱布尼茨回信说:"如果你的技艺和察看方法不传授别人的话,那就会失传,将会是世界的遗憾。"

"我的发现已经把莱登大学的教授和学生们搞迷糊了。他们找了三个磨透镜的人当老师教学生,却没有什么效果。"这个荷兰人骄傲地说。

"在我看来他们的课程是没有什么效果的，他们是以赚钱或者卖弄才学博取别人的尊重为目的教学，背离了我们传授的初衷。没有一个人能像你一样做到为了研究花费无限的时间与金钱，一个人要想学有所成就必须坚持下去，呕心沥血……"1723 年，作为微生物第一猎人的他 91 岁，在他生命的最后一刻请来了他的老朋友胡格夫利埃特。他的手已经举不起来了。发亮的眼睛暗淡了，眼皮悄悄合拢，死亡开始封住他最后一道光。他说话的声音已经模糊不清。

"胡格夫利埃特，我的朋友，请帮我翻译桌上的两封信……然后帮我寄给伦敦皇家学会……"

他始终没有忘记 50 年前的承诺。在这两封信上有胡格夫利埃特的附言："博学的先生们，这是我朋友列文虎克最后的礼物，希望能得到你们的赞同。"

伟大的微生物第一人安东尼·列文虎克就这样离开了人世。微生物领域你还会了解到显赫的巴斯德，他具有极高的想象力；还有罗伯特·科赫等微生物猎人们都为微生物研究做了杰出贡献，但是他们都比列文虎克出名，却没有一个像列文虎克一样忠诚地对待微生物。

第二章　斯巴兰扎尼——微生物必有母物

1

"列文虎克离开了人世，实在是不幸。现在，有谁来研究这些小动物啊？"列文虎克的后继者，叫作拉萨罗·斯巴兰扎尼。他是个奇怪的孩子，一边玩，一边背诗歌；还喜欢拿昆虫做实验。他从来不向父母追问，而是自己去考察研究，去解答自己的疑惑。

这个意大利少年为了要和列文虎克一样成为一个微生物猎人，还要和他的家庭斗争。身为律师的父亲极力想让斯巴兰扎尼对法律文件感兴趣，可是他却跑去拿石片打水漂。

晚上，做着乏味的功课的他趁着父亲转身的时候就望向窗外，看着漆黑天空中闪烁的星星，到了第二天就向小朋友们描述昨晚看到的星星。

在假日，他在斯坎提阿诺附近的树林里玩耍，看到了冒出泡沫的天然喷泉，他对这样的现象十分惊讶。他回到家沉思：为什么会有喷泉呢？亲人神甫对他说过：喷泉是悲伤的美丽姑娘的泪水……

斯巴兰扎尼不同父亲或神甫争论，可是心中却对他们的话非常否认。他决心要弄清为什么会有喷泉。斯巴兰扎尼就像列文虎克决心发现自然的奥秘一样，不过他在成为科学家时，走了和列文虎克完全不同的路。他假装着对法律文件感兴趣，但是只要有时间就会去研究数学、希腊文、法文和逻辑。假期里，他就思考着那些让他产生疑问的事物，然后把自己的知识告诉著名科学家法利斯尼埃理。"天生的科学家说的就是像你这样的人，"法利斯尼埃理说，

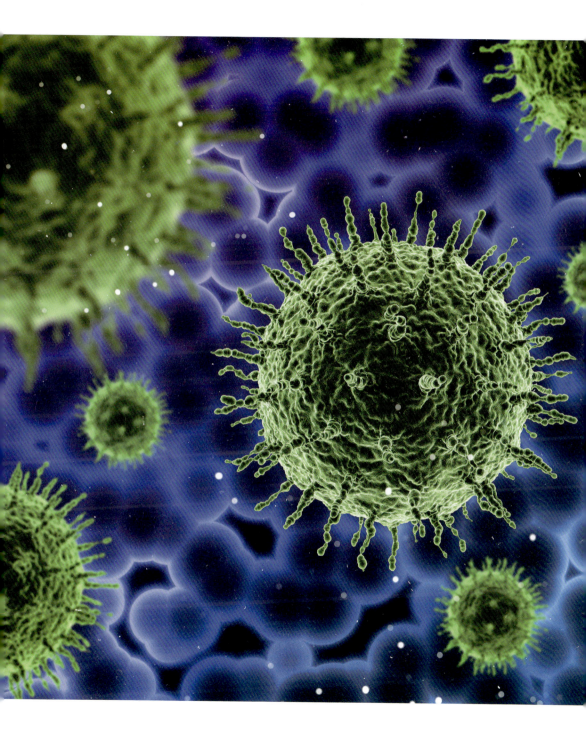

"研究法学完全是浪费时间。""老师，可是这是我父亲所期望的。"

法利斯尼埃理过去指责老斯巴兰扎尼。他说："你的孩子是伽利略那样的人物，会成为研究家，而且将为斯坎提阿诺争光！"

于是斯巴兰扎尼得到了父亲的同意，来到勒佐大学研究科学。宗教法庭已经不敢胡乱迫害研究科学的人。学院可以公开教学，学术团体甚至可以得到议员还有国王的赞助。科学研究开始兴起，成为一时风尚。

在那个年代，人们除了研究自然，也对宗教教条公然表现出了蔑视。100年前，如果你嘲笑亚里士多德生物著作中的荒诞的动物的话，就有可能会被杀掉。但是现在要是提起他，人们就会嘲笑你，低声说："因为是亚里士多德，就算他在说谎，也要相信。"不过世上还是有着许多无知的人和不少的假科学。而斯巴兰扎尼则认真学习，检验理论的真实性，和不同的人来往。

他和列文虎克是非常不同的。列文虎克花了20年之久才让学术界对他有稍稍的了解。斯巴兰扎尼曾经翻译过古诗，同表姐劳拉·巴西探讨数学。如今，他在用石片打水漂，进行研究，写了一篇关于石片在水面上跳跃的科学论文。他成为神甫，通过做弥撒维持生活。

他看不起权威，但他利用权威，以此来保证工作不受打扰。作为神甫，他却对所有保持怀疑态度，只承认上帝的存在。他不到30岁，就成为勒佐大学的教授。在这里，他开始对这些被列文虎克发现的小生物进行研究实验。

在那个时代，大家都认为生命是自发产生的。

就连科学家也是这样认为的。要是有人不信的话，可以到埃及去，田野里的遍地老鼠都是从尼罗河的污泥里来的。

斯巴兰扎尼听到过也读到过许多这样的故事，更看到学生们为此争论不断。但是他对这一切抱着怀疑态度，有着偏见。往往科学上的重大进步都是从偏见开始的。斯巴兰扎尼对于这个问题有着自己的观点。他认为动物能从旧东西或脏物里产生，分明是可笑的。它们的出生是有法则的。可是该怎样证明呢？

有一天晚上，他看到了一本小书，虽然这本书毫不起眼，但是却告诉他要怎样来解决生命是怎样发生的问题……

这本书写了关于滋生蛆虫苍蝇的说法，连最有智慧的人也认为腐肉产生苍蝇。但是在书里面写着一个粉碎了这个可笑的说法的方法，让斯巴兰扎尼很是兴奋。

"这个作者真了不起，"斯巴兰扎尼心想，"看他用多简单的方法就解决了问题。他在两个瓶子里各放了一点肉，一个瓶口用纱布挡着，一个瓶口敞开。然后，他看见苍蝇飞进敞开口的瓶子里，不多久，瓶子里就有了蛆虫，之后变成了苍蝇。"斯巴兰扎尼受到启发而处理同样的问题，不过下一步是微小的动物的事情。

斯巴兰扎尼开始学习培养小动物和使用显微镜。他不是一个固执的工作者，但是却一直坚持不懈。他一定要证明关于小动物的各种疑惑。他学习耐心的观察，教会自己的虚荣心向事实低头。

当时，名叫尼达姆的神甫宣称那些小动物能在羊肉汤里繁殖，然后他把自己的实验结果递交皇家学会，令那些会员向他求教。

他说他拿来了一些热的羊肉汁灌入瓶子里，并把瓶子封好，然后再把瓶子加热。之后他把瓶子放置几天后，取出肉汁，通过显微镜观察到里边有许多小动物。

"这是重大的发现啊！"尼达姆说，"这个实验说明了这些小动物只能来自肉汁液体，证明了生命可以在没有生命的东西里产生！"

整个学术界都为这个发现而激动，皇家学会的首脑们想选尼达姆作为他们当中的一员。可是远在意大利的斯巴兰扎尼却对尼达姆的发现表示极度的不相信。他怒声说道："小动物是不可能从这些液体或是什么其他东西中自己产生！这是骗人的，里面一定有鬼，我要把它找出来……"

于是在一天夜里，他独自一人在实验室中，他觉得他已经找到实验的漏洞了。肉汤里出现这些小动物一定是尼达姆加热得还不够，没有塞紧瓶塞！！

他并没有写信去和尼达姆争论，而是开始做实验。或许这些小动物可以经受高温呢？斯巴兰扎尼拿起几只玻璃烧瓶洗干净擦干，把种子放进去，加入清水，并且决定进行长时间的加热。可是怎样才能密封好呢？他想到了把瓶颈熔合，用玻璃来封口。

因此，他拿着这些烧瓶用烈火烧，直到每个瓶口完全熔合，之后再进行加热。他把烧瓶分成两组，一组只加热几分钟，另一组则在沸水里煮了一小时。

最后，他紧绷着神经等了几天看有没有小动物产生。他甚至还做了另一件事，他用只有木塞封口的瓶子也做了同样的实验。

然后，他离开了好几天，用那充沛的精力去干各种事情。后来他不见的时候，大家都问他去哪里了。

他回到他的实验室了。

3

他把烧瓶的瓶颈敲开，用细管子吸出一些肉汁，观看里边到底有没有小动物生出来。瓶子瓶口封得十分严实，微生物根本进不去。如今，他变得稳重沉静。他把肉汤滴在显微镜前。

他先观察那些瓶口被熔合煮了一小时的瓶子里的液体，一个小动物也没有；再观察只煮了几分钟的瓶子里的液体，发现里边有小动物在动。

之后他又观察了那些只用木塞封口的瓶子里的液体。他兴奋地大叫，抓了一本旧笔记本，飞速地写下别人看不懂的文字。这些文字的大意是所有用木塞封口的瓶子里满是小动物，就连煮了一小时的液体也不例外。

他叫道："小动物是从空气进入瓶子里的！而且有些小动物在高温下还可以生存，必须得长时间高温才可以将它们杀死！"

这是斯巴兰扎尼的伟大日子之一。尽管他不明白这也是世界上伟大的日子之一。斯巴兰扎尼证实了尼达姆的观点是错误的，就像前辈雷迪证明苍蝇来自腐肉的观点是错的一样。而且他的贡献不仅仅只有这点，因为他从荒诞的神话中把捕猎微生物这门新生的科学拯救出来。

斯巴兰扎尼把自己的实验兴奋地告诉了弟弟和姊妹们。然后，他告诉学生生命只能来自生命，哪怕是这些小得可怜的小动物也是一样的。之后，他把实验结果写成了一篇优秀的讽刺论文，令科学界哗然。

与此同时，尼达姆到巴黎宣传他的观点，结交了布丰伯爵。

尼达姆和布丰意气相投。布丰不愿让实验弄脏他的华服，所以他只愿思考和写作，尼达姆则做实验。于是两人开始发明一种生命如何产生的理论。这一理论对事实不管不顾。可是你需要什么呢？它出自布丰的脑袋，光是这样就足够搅乱一切了。

你能够听到尼达姆问："阁下，是什么东西让羊肉汁在加热之后还能产生小动物？"布丰伯爵头脑里一通胡想之后，答道："这是个伟大的发现。你发现了创造生命的真正之力。"

"那么，我们把它称为生长力吧，阁下。"尼达姆说。

"真是个合适的称呼。"布丰说，于是他开始动笔写作，只是依据着他的大脑，而不追求事实写出这种神奇的生长力。没隔多久，生长力就像流行歌或者传说一样广为流传。当时，在意大利，斯巴兰扎尼变得十分暴躁。这罔顾事实的结论分明是藐视科学。

但是斯巴兰扎尼又能怎样呢？尼达姆和布丰以荒谬可笑的论文征服了科学界。这个意大利人喜欢和事实与实验战斗，但是他对这种骗术，这种可笑的生长力感到愤怒痛恨。尼达姆还说正是这个生长力才让夏娃从亚当的肋骨变成人；还说中国的冬虫夏草也是因为这个生长力。各种胡编乱造让斯巴兰扎尼看到整个生物科学都会被这个荒谬的生长力颠覆的危险。

因为尼达姆对斯巴兰扎尼一个实验的反对，让他得到了一个机会。尼达姆写信给他说："你的实验有漏洞，因为你的长时间加热损害了生长力，让它没法长出小动物。"

这正是他求之不得的机会，他放下一切，开始在实验室里埋头工作。

4

"尼达姆说是热力伤害了种子的生长力，对吗？好的，那我们来把种子家人看个究竟吧！"

斯巴兰扎尼用清水配制了各种各样的种子汤汁，直到工作室里乱七八糟地摆满了烧瓶。

他把这些瓶子放到沸水中加热，每组的时间都不同，而且按照尼达姆的说法，用木塞塞住，然后等待着。

如果尼达姆是对的，那煮过几分钟的瓶子里应该有许多小动物活着，而长时间加热的瓶子里应该什么都没有。他观察到的实验结果让他大笑起来，长时间加热过的瓶子里的小动物比只加热了几分钟的还要多得多。

斯巴兰扎尼赢了，不过他干了一件奇怪的事，他设计了各种实验来打败自己的观点。这才是科学！斯巴兰扎尼默想："也许尼达姆说种子里有诡秘的力量被高热毁灭是对的。"

于是他又进行实验，他拿了些豆子，不只是放在水里加热，还把豆子放在烤咖啡豆的器具里烘烤到焦黑。

过了几天，当他返回观察那些汤汁，结果和之前实验的结果一样，小动物们欢快地游动着。他本想推翻自己的观点，结果是完全战胜了虔诚的尼达姆和尊贵的布丰。斯巴兰扎尼把自己的发现公之于众，现在欧洲开始相信他了。

探索小动物是件辛苦的事情，他开始转向其他的研究，比如人类的胃是如何消化食物，比如蝙蝠看不见东西，但又是怎样避开物体飞行。他还在忙碌之中抽出时间教育侄儿们，照顾弟弟妹妹。

不过没多久他又回到生命是如何产生的疑问中去了。他不但研究小动物，还把自己的好奇心转向大的动物，他动手研究起蟾蜍的交合。而对这件事的好奇心，让他想出一种野蛮的实验来。

他做这些实验并不是要伤害公蟾蜍，而是因为他要尽可能弄清事实，明白小蟾蜍是怎样产生的。他在公蟾蜍交合的时候，一刀砍断它的后腿，但是这只蟾蜍并没有放松驱使它的盲目紧抱。斯巴兰扎尼说："说它是感觉麻木，不如说是热情如火。"

他的求知欲让他什么都要研究一下。这样的本能除了让他对动物做出冷酷的实验之外，他还对自己进行残酷的实验：研究食物在胃里的消化。直到最后他承认实在是恶心得可怕了，才放弃的。

斯巴兰扎尼与沃尔泰通信，和他成为至交。他成为一群科学家和哲学家的领袖，他们努力而真诚地寻找真理，在不知不觉中准备了颠覆世界的革命。他们相信斯巴兰扎尼打败了动物自发产生的荒诞之说。

"生长力是存在的"，尼达姆大嚷，"它是看不到也不能测量的，但是它可以使生命从羊肉汁或者豆子汤里产生，不需要任何东西。它需要帮助，是富有弹性的空气，是斯巴兰扎尼破坏了瓶内空气的弹性。"

斯巴兰扎尼立即反对尼达姆，要他拿出实验来证明，可是这是不可能的，于是他又自己来证明。他再次走进了实验室……

他竖起耳朵靠近瓶颈，听到了一点嗞嗞嗞的声音："是空气进入瓶子或者出去的声音。"他点起一支蜡烛，把烛火靠近弄碎的第三只瓶子的瓶口，然后烛火被吸了进去。

"空气进去了，表明瓶内的空气没有瓶外的空气有弹性。尼达姆可能是对的！"

突然，斯巴兰扎尼有些慌乱……难道这个只会大讲空话的笨蛋居然可以推翻他多年辛苦实验得来的事实？斯巴兰扎尼变得烦躁不安，心里有个声音在说要找出道理来。

突然，他知道了答案，立刻冲向实验室。他又进行了一个实验，果真证实他的想法是对的。他笑着说："我的烧瓶瓶颈非常粗大，在熔合的时候就需要大量的热，这些热把大部分空气给赶出了瓶外，所以在我敲碎瓶颈时，空气会往里跑。"

他明知尼达姆的说法是荒唐至极的，但他还是要用实验来证实。

他利用了一些方法让瓶内的空气和瓶外的空气一样，在几天之后用和之前相同的办法，这次烛火向外吹了，说明瓶内的空气弹性更大！长时间的沸煮对空气弹性根本没有影响，而且汤里也没有小动物，所以尼达姆的说法完全没有根据。

5

他胜利地向世人宣告他的实验，尼达姆和布丰在强有力的证明之下哑口无言。斯巴兰扎尼大声说："我已经证实尼达姆是错误的，动物的存在繁衍是有规则的，就像星星有规律地运动一样。我要告诉大家，要是不用正确的事实打败尼达姆，小动物科学只会被他弄得一团乱。"

斯巴兰扎尼名动欧洲，名流学会都争着抢着让他来到自己的旗下。奥地利女王玛丽亚·特利莎派来代表团，带着御书，邀请斯巴兰扎尼到帕维亚大学任教。在商讨了薪俸之后，他答应了担任博物学教授，兼任帕维亚自然博物馆馆长。

他讲授许多知识，做大规模的实验，每每实验结果都是圆满的，让学生对他十分尊敬。博物馆里空无一物，他便从各地买回许多珍奇植物和异兽，充实博物馆。他不怕危险，为博物馆做了惊人的采集标本旅行。他具有勇气和感染力，但是又非常真实。他就算在忙碌之中，也抽出时间做长期的实验，用来证明这些动物也是要遵照自然法则的。

地球上的动物要在空气下才能生存，现在我把这些小东西放在真空里，看看这些小动物是否和动物一样。他按照所想的一样进行了实验。原以为可以看到这些小动物停止活动……可是它们仍然活着。这不可能，它们是怎么呼吸的？他写信告诉邦尼特自己的惊讶：

"有些微生物真是惊人，它们竟然可以在真空中生存。太奇妙了！因为我们总是认为没有空气所有生物都无法生存。"

斯巴兰扎尼对他的天才能力自豪，众人对他的恭维赞赏让他更为骄傲。但同时他又是一个真正的实验家，当事实打败他的臆测时，他就会承认错误。

这位在实验中追究真实，为真理决不作假的科学家，为了增加薪水，却玩起了小诡计，让皇帝不得不增加他的薪水，还延长了他的假期。他总是能够成功，他用疯狂般的耐心追求真理；他用工作和谎言阴谋来获取金钱和地位；他用神甫的身份避免宗教伤害。

现在，他因为年纪大了，开始想要离开那小小的实验室。他要去古城特洛伊的原址，去看回教帝王的妃嫔、奴隶、太监。他不择手段地让约瑟夫皇帝给了假期和钱让他去君士坦丁堡旅行。

于是，斯巴兰扎尼离开实验室，开始他的旅行……后来，这位 18 世纪杰出的科学家对土耳其人说，他喜欢他们的热情和建筑，但对他们的奴隶风俗和宿命论感到厌恶……

"我们西方人，将会用新科学征服人类所受到的苦难。"你可以想象他向东方朋友说的这番话。他信仰上帝，但同时，追求事实、追求真理的精神影响着他的思考和言论，驱使他发现甚至征服未知的自然。

几个月之后，他返回大陆，受到了保加利亚公爵和窝雷基阿王公的招待。最后回到维也纳，他向上司和恩主约瑟夫二世敬礼，这是他毕生最荣耀的时刻。你可以想到，他的所有都已经实现了，功成名就。然而——

6

当斯巴兰扎尼凯旋之时，就在他的大学里，他把其他教授的学生吸引到自己门下，这些教授多年来一直计较着，等候着可以报复的时机。

斯巴兰扎尼多次远征使得帕维亚博物馆名播欧洲。此外，他还在自己的老家有一个私人收藏室。有一天，他的一个恶毒的敌人卡农·沃尔塔侵入了斯巴兰扎尼的私人博物馆，偷走了他的收藏品，还给欧洲的名流和学术团体发出一本小册子，诬陷他偷窃帕维亚大学的标本。他似乎看见他的大好前途成为灰烬……

不过几天后，他又振作起来，准备进行反击。现在他摇身一变成为精明的政客，他找到了支持自己的人，成立了调查委员会。

他回到帕维亚，我们无法了解他想了什么——他看到自己被原本是崇敬者的人们回避，甚至恶意地低语吗？是有可能。不过当他走近城门时，敬仰他的学生都来迎接他，说他们是支持他的。这个本来是骄傲的人，说话的声音都哑了，只能结结巴巴地告诉他们，他们的支持是多么的重要。

调查委员会让他和原告出庭，对于你来说，不难想象这是一场怎样的大战。他向审判者证明，那些所谓的偷窃的标本不过是些粗制滥造的东西，是学校不要的标本；还有交易，也是在帕维亚同意之下进行的。不但这样，他还要起诉原告偷窃了博物馆的宝石……

审判者宣布他是无罪的，沃尔塔和同谋被学校解雇，皇上为斯巴兰扎尼正名。斯巴兰扎尼给败北的狼狈的敌人造出下流的外号后，他就心情愉快地猎取他的微生物了。

多年观察微生物，让他曾数次对它们的繁殖产生疑惑。他写信给邦尼特说："当看到一种动物的两个个体结合时，你认为它们是在传种。"他在旧本子上大致地画下它们，仓促地记下了观察。虽然他在许多事情上凭着一时冲动，但在关系到实验或结论的时候，他就变得十分谨慎。

邦尼特把他对于小动物繁殖的疑惑，转告了德·索热尔。于是，这个人在显微镜之下观察了微生物的繁殖，不久之后写下了一篇关于微生物繁殖的事实的伟大论文。当你看到两个微生物连在一起时，只不过是一个微生物正在分成两部分。德·索热尔说，微生物繁殖的唯一方法就是这样。

才读到这篇论文，斯巴兰扎尼就跑向显微镜，尽管他不相信，但是仔细观测后证明了德·索热尔是正确的。这位意大利人写信向那位瑞士人表示祝贺，斯巴兰扎尼好胜心强，时常嫉妒他人的成功，不过现在他因为这个发现的美妙兴奋得忘了自己。斯巴兰扎尼因为对一种混凝土的认识和日内瓦的博物学者一起探究事实，以建造科学的高楼大厦。

之后，他被迫开始了这一生最有独创性的研究。他进行这个研究，一是因为对好友的友谊，二是他痛恨另一人的科学花招。一个叫埃利斯的英国人写了一篇论文说微生物分裂为二的观察是错的。

埃利斯接下去说："小动物彼此互生，用显微镜仔细观察时，确实有小的在老的里边，再仔细看，我还看到了再小的存在于小的里边。"

"太荒谬了！"斯巴兰扎尼想。这让他觉得非常可疑，但是要怎样证明这是荒谬的，怎样证明小动物的繁殖是一分为二的呢？

他是科学家，所以他明白，说埃利斯是个胡言乱语的人和抨击小动物并不是因为碰撞变成两半是两回事。他立即想到了解决这个问题的办法："将一只小动物放在一个没有任何东西可以碰撞它的地方，然后用显微镜观察它是不是一分为二。虽然这的确是个简单的办法，但是要怎样把小得要命的微生物拿出一只来呢？这可不像一般动物，你伸手抓一只出来就可以了。

于是，斯巴兰扎尼去做了他生物研究生涯中最精彩奇妙的耐心工作之一：

发明可靠的方法，让一只小动物自己走开。他开始进行实验。他用细针把有小动物的水滴和没有小动物的蒸馏水连通，通过显微镜观察通道，在看到有小动物顺着通道进入清水滴时，立刻切断通道，于是，清水滴里只有一只小动物了。

"天哪！"他叫出声来，"我把一只小动物隔开了，现在没有任何东西可以碰撞它了，我只要看它自己是否会变成两只！"他坐着，一动也不动地观察着水滴。

然后，观察到的现象让他吃惊。小动物一分为二了，它分成了两只完整的小动物，而且，更让他惊讶的是，这一对小动物在许多分钟之后又分裂了！

斯巴兰扎尼把实验反复做了十几二十次，每次都是一样的，于是他把埃利斯及那个荒谬的故事用这个实验压得悄无声息。斯巴兰扎尼毫不客气地告诉埃利斯回学校好好学习，认真读读德·索热尔的好论文，不要胡编乱造毫无根据的理论，犯下如此荒谬的错误。

一个科学家，一个有着独创性的研究者，就像一个艺术家，一个有着艺术细胞的理智研究家。斯巴兰扎尼自认为是新时代探险队的英雄。他称微生物世界是一新宇宙。他是个仅在边缘探索的探索者。他从来不做没有根据的臆测，可天才的能力对他悄声说道：这个新世界的小动物对人类有着巨大的尚未被人类了解的重要性……

7

1799 年初，正值拿破仑发动战争，贝多芬强有力的交响曲响起时，这位微生物猎人中风了。短短几天内，他就离开了人世。

埃及君主留下木乃伊；希腊人和罗马人留下了塑像；还有成百的名人留下了画像。这位奇才斯巴兰扎尼，留下什么让我们可以去瞻仰呢？

在帕维亚，有一尊他的小小的半身像。附近的自然博物馆还能看到他的膀胱。还有什么东西可以做他的墓志铭呢？还有什么遗物可以完美地表现出他的满腔热情呢？这热情促使他钻研自然，藐视陋俗，让他克服艰难困苦。

他知道自己的膀胱有病，就让人在他死后把它解剖出来，以供研究。

正是他用他那藐视世俗、追求真理的灵魂建成了高大明净的大厦，供法拉第和巴斯德，阿伦尼乌斯[1]和埃米尔·费雪[2]以及欧内斯特·卢瑟福[3]在里边工作。

---

[1] 瑞典物理学化学家。
[2] 德国化学家。
[3] 英国物理学家。

第三章 巴斯德——微生物是危险物

1

在 1831 年，也就是斯巴兰扎尼去世 32 年后，微生物猎人对于狩猎已经没有太大的发现了。而其他科学却在飞速前进，如那吓坏了欧美的马笛笨重的、还会喘气的火车，电报也被发明了。精密的显微镜已经问世，只是这精密的显微镜还没有用到微生物的身上。没有人愿意相信这样一个恐怖的事实，这些神秘的微小的生物却无声无息地杀死了无数的人，杀人速度之快，连法国大革命时的断头机和滑铁卢战场上的大炮都显得逊色得多。

那是 1831 年 10 月的一天，在法国东部的一个小村子里的一家铁匠铺围了很多人，一个小孩从人群里惊恐地跑出来。这孩子是听到屋子里白热的烙铁烫在人的皮肉上发出的让人害怕的咝咝声音，之后又是一阵痛苦的呻吟声。这是当地的农民尼古拉，被一只疯狗咬伤，那疯狗的嘴边滴着毒沫，嗥在街上胡乱冲撞乱咬人。跑开的那个小孩叫路易斯·巴斯德·阿尔布瓦，他是一个鞣皮匠的儿子，亚视乌特累西埃尔伯爵家里的一个农奴的曾孙子。

日子一天天过去了，已经有八个人被疯狗咬伤了，他们在令人咽喉阻塞的狂犬病苦痛中挣扎着。"爸爸，那狗怎么会疯呢？为什么被疯狗咬了的人就要死？"小路易斯问道。他的鞣皮匠父亲原先是拿破仑军中的一名战士，他见过无数人在枪林弹雨中死去，可是被疯狗咬伤而致死的原因他确实不懂啊。"这是魔鬼附在了那疯狗的身上，这是上帝要人死，人一点办法都没有啊。"崇拜上帝的鞣皮匠这般回答儿子。那个年代，被疯狗咬了就会死的现象，还是一个谜。

那年才 9 岁的路易斯·巴斯德看到被狗咬后的人是那么的无助，他想，有朝一日一定要弄清这可怕病魔的发病原因和治疗方法。在和这魔鬼打交道的过程中，他比同龄人提心吊胆得更加长久。每每想起那股皮肉烫焦的气味和震耳的惨叫声，总是不寒而栗。可以说，他是个天生的艺术家。在他长大之后的科学研究中，这与生俱来的艺术细胞曾帮助他完成了伟大的成就。在他 20 岁以前，谁也想不到他会是一位大研究家。那时的路易斯·巴斯德还是个好学不倦、小心谨慎的孩子，并没有太高的天分能够引起人们的注意。

当时，那些小动物、绝种的渡渡鸟和那些已经被人遗忘的兽类一样的陌生。科学家们在无意间研究这些微小动物时，说："它们长得也太小了，也太乱了，它们究竟是哪一类别的?!"有一位圆圆的脸、赫赫有名的德国动物学家相信这些小动物是较大动物的一部分，或者它们就是小植物而并非小动物。

巴斯德依旧是在啃书本，那时他还在阿尔布瓦的中学读书，他在学校里是年龄最小的，可是老师让他当了班长；他很乐意教别的孩子，可以说是管教别的孩子。到了 20 岁的时候，他已经是贝桑松中学的助教了。在那里，他更加用功，还要求每个人都像自己一样用功。他给他的妹妹们写了一封令人鼓舞的长信，谆谆教导她们。

"亲爱的妹妹们，年少立志很重要，"他在信中写道，"行动和以后的工作都是不能缺少意志的，你的工作能将你带入成功。工作、意志、成功，这是要花费一生研究的事情。拥有顽强的意志你才会打开成功的大门；在人生旅途的终点，再回头看一下这一生，只求无悔。"

他的父亲把他送去巴黎，他将进入高等师范学校读书，决心在那里成就一番大事业，可是他对家乡的思念很深，思乡成疾，最终还是放弃了那里，回到了阿尔布瓦。后来他又去了巴黎这所学校读书，这一次他变得坚强了。然而有一天，他从化学家杜马的讲堂走出，热泪盈眶，"化学真的是一门非常特别的科学。"他喃喃自语，"杜马这么受欢迎和颂扬真是了不起。"当时他立志成为一个大化学家。那时他虽然已经放下画笔，却仍旧是一位艺术家。

不久，陪伴他的是那些气味难闻的瓶子和装有各种颜色液体的试管。他的好朋友查浦依，从前是一个学哲学的学生，却对巴斯德关于酒石酸结晶的讲演十分喜爱。巴斯德对查浦依说："你对化学如此痴迷，为何不和我一起呢？"现在他期望学生都成为化学家，就好像 40 年后他希望医生都成为微生物猎人一样。

正在巴斯德在零乱的结晶堆进行实验的时候，那些看不见的微生物又一次走入了人们的视野，微生物已经开始被人类重视，就像马和象那样有用。重视研究它们的人，是法国和德国的两位孤寂的研究家。

法国人名叫卡涅尔·得·拉·图尔，谦逊但有独创性，1837 年他在啤酒厂的酒桶里捞起几滴酒，用显微镜细细观察，他留意到，在酒滴中的酵母球儿边上长着芽，好像是种子发芽一样。他惊呼了起来："看来酵母是活的，那么它可以被繁殖吗？"通过进一步研究，他知道了要是没有活的酵母，麻子和大麦永远也不能成为啤酒。"一定是酵母把大麦变为酒精。"他沉思着，写了一篇论文。然而世人并没有重视这篇小小酵母的好作品，卡涅尔不是宣传家，自然也不会有新闻界代理人来为他的谦逊埋单。

同年，德国的施旺博士发表了一篇文章，一个令人兴奋的消息公布于众：让肉变得腐烂的原因是有一种眼睛看不见的动物进入肉里了。"把肉煮透，放进干净的瓶里，让空气经过烧得通红的管子通入瓶子内——肉可以保存好几个月依旧新鲜。但只要让空气进入那个瓶子内，一两天后肉就会臭得要命；肉上面蠕动着很小的生物，小到是针尖的千分之一，就是这些微小生物让肉腐烂的。"

列文虎克要是听到这消息一定会很惊奇的！斯巴兰扎尼很可能会让教堂的信徒们回家，离开弥撒，他则直奔实验室；奇怪的是欧洲对此却不动声色，置若罔闻。此时年轻的巴斯德正为他在化学上的首次重大发现做着准备。那年他才 26 岁。

他用显微镜观察研究成堆细小结晶长大后，发现酒石酸有四种，而不是先前认为的两种；自然界中也存在着很多种奇特的化合物。一天忙碌的工作够辛苦的了，今天的成就还不少，他伸伸懒腰，就跑出了他的昏暗的小实验室来到走廊，一把拉住一个陌生的年轻物理学者，把他带到卢森堡公园的树荫之下。

在那里，他滔滔不绝、得意扬扬地向年轻学者讲解他的新发现，这也许是他要对全世界演说的彩排吧！

2

短短的一个月内，他成为知名化学家们所颂扬的对象，他们也成了忘年之交。同时他也担任了斯特拉斯堡大学的教授，研究之暇，他却爱上了院长的女儿，可是还是单相思，他能做的就是写下一封又一封的情书了。

"我知道我身上没有什么能够吸引你的地方，"他在信中写道，"从那天偶遇到你，我的心中一直在想着你，我想你就是我心中的女神。"

最后，他们结婚了，成了历史上最著名的一对夫妇之一，一生饱经忧患的同时也是最幸福的一对儿。

现在已经成了家，巴斯德还是疯狂沉迷于工作。"我现在正处于神秘的边缘，"他写道，"帘幕很快就会过去了。夜，在我看来还是太长了。巴斯德夫人常常责怪我，我告诉她说，我能让她出名。"他还是接着研究结晶，可是他似乎跑进了死胡同，他做的实验看上去有些古怪，似乎是很愚蠢的，在人们看来那是不可能成功的。换个角度想一下，一种疯子才想得到的实验如果是真的，那么这个疯子也就会变成天才！生物被放在硕大的磁石中间，试着改变它们的化学性质。这种奇特的机械就是他设计出来的，能够使植物前俯后仰，目的就是能让这些形成植物本身的神秘分子发生变化……改变物种的这种事，印象中只有上帝才可以，他的想法有点令人难以置信！

巴斯德夫人对他感到诧异的同时却也是充满信心，她在给父亲的信中这样说："亲爱的父亲，你要知道，他的实验要是成功了，那他就会是下一个牛顿或者伽利略了！"这位夫人对她的年轻丈夫评价很高，遗憾的是，成功哪会有那么容易，她最终还是有些失望了。

后来，巴斯德担任了里尔学院院长兼职教授，家也搬到了花街。在这里，他和微生物遇上了，这是他第一次碰到这个新鲜的微生物；他开始了他的重大战役，用科学让人们了解微生物这个新物种。就是在这个普通的中等城市，这里也没有出过学术大师，就是他掀起了一场关于微生物的轩然大波，这让科学这只小船颠簸了 30 年。全世界也知道了微生物是重要的，他的名字也被各大报纸刊登在头版上，他的新发现虽然挽救了无数产妇的生命，可是公众对他的宝贵的微生物却大开玩笑。

当他离开斯特拉斯堡时，真理正在和他开玩笑，让他有些困惑。他到了里尔，在那里，他继续着那伟大的研究。当巴斯德在里尔定居时，当局对先进的科学还是很重视的。

"可是，教授，我们真正需要的，是科学和我们的实业之间有亲密合作。我们想知道——科学能盈利吗？例如你能把我们的糖产量提高，或者提高我们酒精的产量，你的实验室我们会投资的。"商业委员会这样对巴斯德说。

巴斯德一边听着，一边也观察着他的素质。他觉得坐在面前的不只是一个科学家！你想想一个商业委员会想请像牛顿的运动定律来帮助他们的铁厂吗？法拉第将还是愿意去做他最初订书学徒的工作。可是巴斯德不会就这么放弃的。生活在 19 世纪的孩子，很清楚科学是有很大的商业价值的。他经常向市民做很多关于科学的动人演说，大众还是很欢迎的：

"如果你家里有青年人，你给了他马铃薯，他拿马铃薯去生产糖，糖又可以制成酒精，又把酒精制成了乙醚和醋，如此有趣的过程，你家的青年会不会产生强烈的好奇心和兴趣呢？"一天夜里，他热情地对一群富裕的实业家高声演说。有一天，一个制作酒精的业主毕戈心事重重地来到他的实验室。"教授，我们的生产在发酵的过程中出了问题，"他说，"我们每天都要损失几千法郎。请您和我去厂里一趟吧，求求您了，教授。"毕戈先生恳求说。

毕戈有个儿子，是学习理科的，巴斯德立即答应了他的请求。他来到蒸馏厂，检查了一下他的生产车间。首先检查的是一些灰色的有些黏腻腻的样品，好带回实验室研究一下，他当然也不会忘记从正生产着大量正常酒精的起泡沫的桶里取出少量甜菜浆。其实能不能帮到毕戈巴斯德心里也没底，因为他并不懂得糖变成酒精的过程。在那个时候，不只是他，世界上所有的化学家对这一过程都不清楚。取完样品之后，他回到实验室，决定先检验一下没有出现问题的样品。通过显微镜观察，他发现了这一滴甜菜浆充满细小的球儿，比任何结晶都要小很多，它们是淡黄色的，里面还有一些微小粒子在跳动。

"这是什么东西啊？"他想着，忽然豁然开朗——

"这莫非就是酵母？这些汁液里是正在发酵为酒精的糖，那一定是酵母了。"

继续观察后，只能看到小球。它们有的成簇，有的成串，这些小球竟然还带着古怪的芽，那是还在生长的芽，就像种子上的芽一样。

"卡涅尔·得·拉·图尔是对的，酵母是活的。甜菜糖变成酒精的原因一定是酵母的作用！"他惊叫出来，"可是这并没有帮助到毕戈先生，发酵桶里面究竟是出了什么问题？"于是他取出那些出现问题的试样，闻了闻，之后用放大镜看看，并且尝了尝，用蓝色的小纸条检测一下，之后变为红色……最后用显微镜观看……

这里并没有酵母，酵母跑到哪里去了？他看到的只是一堆乱糟糟的东西，其他的什么都没有了？他对着瓶子，凝神细看，当然啥也看不到了，他在思考着，他发现了一种奇怪的现象。"看着一些小小的灰色片贴着瓶壁，还有漂浮在面上的，没有出现问题的样品里没有这个东西。这是怎么回事呢？"他继续思索着之后，他从这瓶子里舀得一片，滴入一滴水，放到显微镜下观察……

关键时刻到了。

这里没有酵母，不过有一些其他的东西，这是他从来没有见过的怪物，一大堆跳动的像细杆棒的东西在不断地抖动。这些小东西很小，比酵母还要小很多，大约仅仅只有两万五千分之一英寸那么长！

那夜他辗转反侧，第二天一大早，他急忙去了那家酒精厂。他扶了扶歪在鼻子上的近视镜，他伏在坏桶边上，舀起一些样品，此时的他似乎已经忘掉了他是要帮助毕戈的；此时毕戈的事情早已不在他的心中了；世界上一切他也已经忘记，全心地闻着液体，研究着那些跳动着的奇怪杆棒。每一次舀出来的这种灰色的液体里都存在着无数杆棒……晚上，他开始狂热地忙乱着。他安装好实验仪器，让实验室就像一个炼金术士的窑洞。他发现那神秘的杆棒甜菜浆含有酸牛奶的酸，可是没有酒精。他想到了："这种小杆棒也是活的，这些杆棒就是产生酸牛奶的酸！它是酸奶酸的酵素，那么酒精的酵素是酵母了！"他兴奋地把这个新发现告诉巴斯德夫人，她听得懵懵懂懂，只是因为对自己丈夫的

巴斯德·路易斯
(Louis Pasteur 1822—1895)

爱才全力协助他……

目前这还是一种猜想，他的直觉告诉他：你这猜测是正确的；现在要做的就是如何实验它，证明它，探索它，追捕它，之后把它的秘密揭露出来。他想了很多计划，要证明自己的猜想，他的实验室又多了一个研究项目，深信有一天，可以证明那些小杆棒是活的，证明它们尽管很渺小，却有着能够把糖变为乳酸的实际功能。

"我不能仅仅在桶里的甜菜浆液中研究那些杆棒，"巴斯德沉思着，"我要能够获得这种杆棒，研究一下它们能不能生孩子。"他从桶中取出一些灰色的细片放入纯净的汤水里。他想：这些杆棒也许是需要更有营养的食物。无数次探索之后，他制作了一种特别的汤，他把干酵母在清水里煮沸，之后把水过滤干净，再加上糖，又加一点碳酸钙。然后，他用细针尖在那些有问题的甜菜浆里挑起一粒灰点，与刚才的汤水调制成新的液体，最后放入培养箱，他急切又担心地等着。猎捕微生物就是这样，不可能马上就能看到成果。

他一边继续他的生活，一边焦急地等待着。他心不在焉地吞下一口饭，再看看他的试管，每天都是如此。他要上床睡觉，却想着那瓶子里会不会有什么变化，真是辗转反侧……

第二天依旧如此，快近黄昏，失败已经使他感觉双腿沉重起来，他自言自语："我要去再看一看我那宝贵的清汤。"

他孤零零一个人拖着疲惫的身躯来到他的实验室，借着并不算明亮的煤油灯光，他发现，"它正在变化，这是真的，"他低声说，"昨天我放在瓶里的灰色细片，有的出现了几串小泡泡，现在有了很多新的灰点，并且都在起泡泡！"于是他对这小小培养箱更加痴醉了。几小时过去了，他还在研究着。他小心翼翼地举起瓶子，在灯光前轻轻摇晃，只见瓶底冉冉升起丝丝缭绕的灰暗云雾，从中生成气泡。他现在弄明白了！

他把瓶中的一滴汤水放在显微镜下观察，看到了！在显微镜下看到了无数抖动的小杆棒。"它们真的繁殖了！果然是活的！"他异常兴奋，大声叫道。此后几天，他都在做同样的实验，取出一滴液体，放在新鲜纯净的酵母汤瓶里，这瓶里是一只杆棒也没有，可是每一次都会出现无数只杆棒，每一次都有大量酸奶酸出现。接着，他把他的新发现告诉毕戈，告诉他出现问题的就是这些小杆棒："毕戈先生，把桶里的这些杆棒都消灭，一切就恢复正常了。"他把重要发现又告诉他的学生们：这神奇的小动物是全新的发现，就是它把糖变成酸牛奶的酸。他写信给老教授杜马，也告诉他的所有朋友，不久，一篇学术论文寄到巴黎的科学研究院。从此，人们进一步了解了微生物的世界：

发酵的主因是微生物，就是这些用眼睛看不到的微生物！

3

发现发酵秘密后不久，就传来了好消息，他被任命为高等师范学校的教务长和理科主任，这是他的一次机会。

于是他们搬到巴黎，可是巴斯德来到这里才发现这里根本就没有让他工作的地方；仅有几个供学生用的还不清洁的实验室，而供教授使用的却没有。更糟糕的是，像试管、烧瓶、培养箱、显微镜这些基本的仪器都没有，没有它们，巴斯德在这里怎么生活啊！巴斯德把这所陈旧肮脏的校舍的每一个角落都找遍了，最后把一个屋顶下的阁楼作为他的实验室，不知道他使用什么方法筹到了钱，购置了显微镜、试管和烧瓶。一个简陋的实验室就这样创建好了。

李比希，德国人，是化学家中的王子，化学的教皇，他对巴斯德的观点不看好。李比希说："糖变成酒精这件事与酵母没有什么关系，在这个过程中正是蛋白在起作用。"他要让这个王子看清楚。于是他准备了一个简单明了的实验，它会让像李比希这样不认同他的化学界大人物们都目瞪口呆。

"在完全没有蛋白的汤里培养酵母，那样不就可以了。这样的酵母还会让糖变为酒精，那么我的观点还是正确的。"他斗志昂扬。为酵母找一种没有蛋白的食物，他又开始忙碌了起来，好几个星期里肝火很旺，脾气也变得非常暴躁。某一天上午，巧合再次帮了他。

他在培养酵母的蛋白汤里放铵盐。"发生什么了？"他思考着，"我的酵母长芽，可是铵盐不见了。为什么呢？"他想，"对了！酵母把铵盐都消耗了，它们的生长根本不需要蛋白！"于是他取来干净的烧瓶，装上蒸馏水，把认真称量过的纯糖放进水里，再加上酒石酸铵，他拿来一个装满新的出芽的酵母的瓶子，轻轻地舀出一片上面的淡黄色，放在新制的无蛋白的汤里，把瓶子再放进培养箱。结果会是怎样呢？

这天夜里，他又一次辗转反侧。他低声对巴斯德夫人述说着心里的想法，只是巴斯德夫人无能为力，能做的只是安慰他，鼓励他……

第二天一大早，他充满期待地来到阁楼，直奔他那破旧的培养箱。他打开瓶子，取一滴混浊不清的汤，用显微镜开始观察起来……

"我看到啦，"他叫了起来，"它们在发芽、在生长，这是真的，昨天播种的酵母正在生长。"他想冲出去告诉大家，可他忍住了，为了实验不出纰漏，他从瓶子里取出些汤来，放进一只曲颈瓶里，他要知道这发芽的生物是否产生了酒精。"这回是李比希错了，真正使糖发酵的是酵母，蛋白可以缺少。"此时此刻的他，泪水沿瓶颈滴滴往下流。又过了一个星期，他把这个实验又做了一次，确定酵母是否还活着，以确定它们在不断产生酒精。他一遍又一遍地把它们从这个瓶子转移到另一个瓶子，瓶子里装的都是水中加上铵盐和糖，酵母每一次都能在其中茁壮地发芽，使碳酸气泡充满瓶子。它们一直在产生酒精！

他锲而不舍，细心照料他的酵母如慈父，喂它们，爱它们，颂扬它们把大量糖变为酒精的功绩。为了守候它们以致他自己的健康出现了问题，他也破坏了资产阶级的法国人的生活习惯。别人正是吃饭的时间，陪伴他的却是那些瓶瓶罐罐。他在笔记中写道："我的眼睛时刻都不能离开显微镜。"直到看到它们发芽后才感到满意。他近乎疯狂地做大量实验，从6月直到9月，为了要弄清楚酵母把糖变为酒精的工作状态，最后他大声叫喊："给三个月，糖分足够，三个月它们依旧坚持工作，在糖分足够的前提下，似乎可以一直工作下去！"

现在的他从一个研究家摇身一变成为表演者，也是奇迹的见证人，微生物的传道者。世人知晓后必被此消息惊得瞠目结舌：法国的几百万桶葡萄酒，德国的啤酒，完全不是出于人力，而是那微小的、勤劳的、辛苦工作不知休息的生物大军的功劳。

于是他发表论文，开始演说，将事实悍然向伟大的李比希的脸砸去，这一发现，随即在巴黎塞纳河的科学共和国中掀起了狂风巨浪。他的导师们为他骄傲，现在也为他颁发了生理学奖。第二天夜里，他的老教授杜马对他的出色的讲课倍加赞扬，这要是换了别人，不免觉得惭愧。巴斯德对于老教授的赞扬欣然接受。他坐下来，应该是给父亲写信的时间了。

"今天杜马先生赞扬了我，并且根据我的其他几项研究而授奖；今晚我拥有了最出色的教授的颂扬。我现在实在是兴奋，我已经在欢呼之中了。在这种欢呼声中，当然也会有轻轻的嘘声。反对我观点的人来自四面八方。我之所以树敌，不完全是因为我得罪了旧的理论和信仰。而是因为我的怒气冲冲、鲁莽处事被人家当成了挑衅。我的经历和性格让我偏好笔战，那是一种盛气凌人，喜欢同任何人为任何事而争论。可这些并不是我本性里的恶意。"

其实很多人反对的是他那种目中无人的神气，也有些正直的科学界人士，却用更好的理由提出异议，他的实验是出色的，发现是惊人的，可是这实验并没有完全证实问题。实验还是有漏洞。用一些灰色酵素着手制造酸奶酸时，常常会有一种腐败牛油的臭气从瓶里飘出来，让人呕吐。在这种情形之下，瓶里并没有小杆棒，自然也就没有需要的酸奶酸。在实验中，失败是正常的，可是这些失误就成了其他人攻击他的理由，也给巴斯德带来更多的烦恼。没过多长时间，他觉得这个令人困惑的发酵出毛病的问题，并没有多大关系，他办事灵活，从不用脑袋去硬撞难题，而是换个思路绕过去，这也是他成功的一个关键。

怎么会出现腐败牛油的臭气？有的时候怎么没有酸？

牛奶酸？有一天早上，他在一只里面已经变质的瓶里，意外地发现另一种小生物，它们正在仅有少数且垂头丧气跳动着的杆棒中间游动着。

"这是什么东西？它们长得比小杆棒大得多，还会像鱼一样游来游去，这是小动物？"

他凝神注视，直觉告诉他，它们不应在这里出现。只见它们像塞纳河里首尾衔接的货船一样成行成列，也像一列驳船蜿蜒前进。也有单一的，不时转动；这里不应该有它们什么事啊！我要撵走它们。他用现在看来很简陋的方法，要把它们清走，可是眼看就要把它们全部肃清的时候，它们又忽然回来了。一天，他想清楚了：每当有浓郁的腐败牛油臭味飘着的时候，就有一群新的小动物出现在瓶子里。

这是他新发现的生物，是另一种酵素，能够使糖产生腐败牛油酸的酵素；可是他的证明中还是有一些漏洞，因为他并不能肯定瓶子里独独只出现这一种动物。前往成功的路上千万别忘记思考，眼看山穷水尽时，他有了新的发现。一天，他用显微镜正在观察这种腐败牛油的微生物。"忽然发现有些新物体，活泼地来去自如。"轻轻地、准确地移动样品，新的小动物真的是自己在动。他又喊了起来："原来是空气将它们杀死的！"不久后，他把他的这一发现上报研究院，只不过是有些狂傲，他说他不仅发现了把糖变为臭牛油酸的新的酵素，并且发现空气能够杀死这种小生物！"这是个奇迹，"他叫喊着，"是至今为止唯一一个不依靠空气就能生存的首例！"

他这个首例说错了。早在 200 年前，老列文虎克就发现了同样的东西。100 年后，斯巴兰扎尼曾经也对微生物不用依靠空气生存而感到惊讶。

十有八九，巴斯德并不清楚前人们对于微生物的探索，他绝不是窃取他人的成果，而是一心想攀登荣誉的高峰，一有新的发现，就让他忽略了前人的成就。他又一次发现微生物使肉变质的这个怪事情。他也忘记了这是最初发现人应得的荣誉！

他正在进行最初的尝试，要告诉人们，微生物是暗杀人类的真凶。他在论文中写到，既然有了腐烂的肉，也就会有腐烂的病："当初我对发酵的探求，进入这个领域是自然而然的事情，我下决心要全力以赴，不管它们有多危险，有多么令人厌恶。"之后他把他的想法告诉了研究院，向研究院表示他决不退缩，他还得体地引用了伟大的拉瓦锡①的话："于公众有益，于人类有利，就使最令人呕吐的工作变得高贵，而且也只有有识之士，才看到用以克服种种困难所需的热诚。"

4

这样，他开始为这项危险实验准备着。他的英雄行为的计划，感动了在场的每一个人。我们可以想象一下，当他们要回家时，巴斯德同他们道别时的情

---

① 18 世纪法国化学家。

绪是多么激动。在每一次实验中，凶险的微生物都在潜伏着，伺机要他的命……所以，巴斯德用事实证实他比列文虎克或斯巴兰扎尼更有用，他通过众多出色的实验，选用巧妙的方法，让世界为之沸腾。普通老百姓也能看到酵母的清晰形象，因为有这些微生物，才有我们饮用的美酒啊，他们在每一个夜里都为这些眼睛看不见的腐败的微生物辗转反侧……

历时 3 年，上千种实验。将烧瓶中灌入牛奶或尿，再将瓶子置入沸水中，烈焰再把细颈熔合，保存好。几年后，将这些曾经的瓶子打开，瓶内的尿或牛奶依旧和原先一样，没有微生物，牛奶没被破坏！同时也做了对比实验，将未加煮沸的尿和牛奶装在瓶子里，最终发现氧气已经被微生物消耗没了。这个世界氧气充足，那些死去的动植物完全用不到氧气，也就是说，没有微生物就没有生命。

现在，巴斯德又遇上了一个大难题，必须正面面对，无法逃避。曾经伊甸园里的万千生物来自哪里？上帝也许对这个没有做出过解释，自然也是千百年来争论不休的问题，这个问题在 100 年前让斯巴兰扎尼觉得非常有趣，今天也有类似的问题：微生物是从哪里来的？

那些不赞成巴斯德的人问他："酵母在地球的任何地方、任意角落都能把葡萄汁酿成酒？可是你知道这些微小生物来自哪里吗？"

和斯巴兰扎尼一样，巴斯德不相信微生物是从牛奶或牛油这种物质中自己生长的。微生物一定有母体。这个毋庸置疑。

他猜想酵母、杆菌和那些微小动物是来自空气。其他微生物猎人也指出过空气中有细菌，为了更具有说服力，巴斯德精心设计了一个机械，并且得到了事实。他在一个小玻璃管里放上火棉，一头安上唧筒，另一头露在窗外，园子里的空气就被引了过来，然后开始准备计算火棉中生物的数量。他用器械把这些带有微生物的火棉浸到酵母汤里，看看微生物是否会生长。他又一次做了斯巴兰扎尼的实验：在圆瓶子里装上酵母汤，瓶颈被熔合，再煮几分钟，如此一来瓶内就不会再有微生物。

"可是在煮沸酵母汤时，瓶里的空气也被加热了，要知道酵母汤生产微生物也是需要空气的……"人们在质疑、叫嚷，他们在大呼小叫，就是没有一个做实验的。

巴斯德又一次陷入混乱之中，要想个办法让未经加热的空气进入煮过的酵母汤中，并且其中没有微生物。倔强的他是不会轻易认输的，实验一定要做下去。他开始了苦苦寻找方法的日子。一天，老教授巴拉来到他的实验室。巴拉以前是名药剂师，就是他发现了元素溴。"你想到把煮过的酵母汤同空气放在一起而不让生物进入酵母汤的方法了吗？"巴拉问当时束手无策的巴斯德。"你要知道，微生物自己不能从酵母汤中出现，我们都认为这些小东西是存在于空气中的，是这样吧？"

"是呀，"巴斯德回答，"但是……"

"等一下！"巴拉打断他，"你可以这样试试：在一个瓶里装上酵母汤，煮沸，之后把瓶口固定，让尘埃不会掉进去，至于空气就是要多少就能进去多少。"

"我该怎么做呢？"巴斯德问。

"简单，"巴拉回答说，"拿一个烧瓶，灌进酵母汤，把瓶颈玻璃加热让它软化，之后把瓶颈拉长，朝下，这样就是一个细小的管子，再将这小管拉成天鹅在水中啄食时脖子弯弯的状态，让这管子的口向下开着。就是这样子了——"巴拉画了个图示。

巴斯德看了看图，突然间领悟到这小小实验的巧妙。"对，就是这样，微生物进入瓶中。它们附着的灰尘，不能朝上落，真是太巧妙了！我想明白了！"

"是的，就是这样，"巴拉微笑着。"试一试，看看实验咋样，你先忙，我先回去了。"说完，他就离开了。

如今的巴斯德不似以前，现在也有了自己的助手。瓶子洗好后，实验室就响起了焊接灯震耳欲聋的喷火声；他拿出瓶子，灌入酵母汤，然后熔化瓶颈，拉长，让其弯成天鹅颈、猪尾巴以及六七种奇怪的形状。接着，将瓶里的汤煮沸，把空气驱逐出去，待瓶子冷却，新的空气自然就进入瓶子内了。

一切准备妥当，巴斯德开始忙碌了起来。第二天早晨，他迫不及待地来到实验室，手里拿着破旧笔记本，记录着实验的点点滴滴，他发现装有经过煮沸的酵母汤的瓶子，纯净如新，里面没有生物。第二天还是这样，日后的观察也是如此。现在，巴拉的设计是很有效的。自发产生这种理论已经被否定了。"这是一个极好的实验，它证实煮沸过的一种汤，任其与普通空气接触，并不会长出生物。"

巴拉又来了，听到巴斯德滔滔不绝地向他讲述这个实验时，微笑着说："我想这会成功的，你要清楚，瓶子冷却后会进入空气，灰尘和它们的细菌也可以进去啊。它们很可能粘在瓶壁上。"

"是的，那么该怎么做呢？"巴斯德想不出办法。

"容易，拿一只这些天没有生物产生的瓶子，摇晃一下，再放回培养箱，只用一天，小动物就会出现。"

巴斯德照做了，真的是这样！不久之后，巴斯德开始对公众述说他的弯颈瓶的实验。"自然发生学说，没有经过实验的考验，自然不能成立。"他高声叫道。

之后巴斯德做了一次具有创造性的实验，这个是他自己独创的实验方法。这是一次规模很大的实验，半公开的，他的实验室又因此成了战场，堆积如山的瓶子，忙碌的助手，还有叮叮当当的玻璃器具和扑扑扑起泡的酵母汤锅。巴斯德和他的小伙伴们开始忙碌了起来，配备好几百只圆肚子瓶。在每只瓶里都灌上酵母汤，但不灌满，之后，把瓶子放在沸水里分别煮几分钟。在汤煮沸之后，将瓶颈拉长，熔合。这一堆瓶子里装的都是煮沸的酵母汤，个个是真空。

巴斯德带着几十只这样的瓶子，忙乱着踏上征途。他首先到了巴黎天文台潮湿的地下室，这是伟大的莱·维里尔工作的天文台，他曾经预言了海王星的存在。"这里的空气这么平静，"巴斯德对他的助手们说，"没有尘埃，几乎没有微生物。"然后，他们拿着瓶子，用在火焰中烧得通红的钳子，逐次折断 10 个瓶颈，瓶颈折断时，空气自然会冲进瓶去。随即用酒精灯将瓶口重新熔合。另外 10 只瓶子，同样是这么做的，然后他们又回到实验室，将瓶子放进培养箱里。

几天之后，巴斯德蹲在培养箱前，仔细观察着他的那几排瓶子，偶尔也会听见他的大笑。他在笔记本里用小字记下这些东西，然后告诉助手："我们在天文台地下室打开的 10 个瓶子中，有 9 个是完全纯净的，没有一点细菌。在院子里打开的那个瓶子则是完全混浊的。这是空气和尘埃一起进入酵母汤里的原因！"

暑假期间，他拿着剩下的瓶子去赶火车，其来到汝拉山区的家乡，攀登浦佩山，在这里打开了 20 个瓶子。他又去瑞士，爬上勃朗峰的山坡，又打开了 20 个瓶子；这些和他想的一样，越到高处，微生物使酵母汤混沌的瓶子就越少。"应该是这样了，"他大呼，"越高的地方，空气越纯净，灰尘越少，以至黏附着尘埃的微生物就越少。"他自信满满地回到巴黎，把这一切报告研究院，并带着足以说服所有人的证据，说："现在已经证实，如果仅有空气，是不能够产生微生物的。"这一次他成功了，之后，他又为可能的巨大成功而进入了一个新的舞台："我很想坐着气球上到天空，在更高的地方打开我的瓶子！"只是他并没有乘气球，因为他的听众都听累了。他现在已经是超越科学家的人物了，他也是英雄探索的缔造者，是微生物猎人中的尤利西斯①，是你将要在这个故事中接触到的英雄时代的第一个冒险家。

这一次巴斯德真的成功了，现在他是真正的英雄。

曾经，巴斯德轻视过博物学家的科研能力，让他意想不到的是，博物学家并没有走在科学的真正探索的路上，就是因为他们不做实验。他说："我相信实验是科学探索的新鲜血液。"博物学家们不喜欢他的这种说法是一定的了，尤其是鲁昂博物馆主任浦舍先生，还有图卢兹学院的著名博物学家乔利教授和马塞特先生也是一样。他们坚信有这样的事：生命是自然产生；他们对于巴斯德还是不能信服，打算开始以彼之矛攻彼之盾的路途。

他们开始效仿巴斯德，在一些瓶子中灌进汤液，和巴斯德不同的是，他们用的是干草浸液而不是酵母汤，在瓶中也创造一个真空环境，去了比利牛斯山脉的高山玛拉得塔，不停地向上攀登，到达的高度比巴斯德在勃朗峰达到的高度还要高很多。在这里，打开瓶子，山风太大，乔利先生差点失足跌下山去，幸亏被一个向导拉住，才没成为科学殉身者！之后他们返回小客栈，把瓶子放进预备好的培养箱里。在过去的几天内，他们有些得意，每一个瓶子里都有小

---

① 罗马神话中的英雄。

东西成群结队地出现。哈哈，看来巴斯德错了！

现在，战斗并没有停下来。巴斯德公然嘲笑浦舍、乔利、马塞特的实验，对其批评责难，这在今天看来是避实就虚。浦舍的反攻是巴斯德"把自己的瓶子当成对科学的最后通牒而惊世骇俗"。巴斯德气得暴跳如雷，斥责浦舍，认为他在说谎，要求其公开道歉。怎么有一种真理是由鲜血换来的，而不是由冷静的实验来决定的感觉呢。接着，浦舍、乔利、马塞特对巴斯德下战书，在科学研究院做公开实验，并且说，如果他们的瓶子有一个打开之后没有微生物生长的话，他们会承认错误，公开道歉。实验决战的日子终于到来了，就在最后关头，巴斯德的敌人们临阵退却了。巴斯德当着研究院的委员会做公开实验，他信心满满，不久，委员会就宣布："巴斯德先生所观察到的和浦舍、乔利、马塞特三位先生提出异议的是最完整、最精确的。"

这一次巴斯德胜利了，可是对于真理来说却不是好消息，其实双方都是正确的。浦舍和他的朋友用的是干草浸液而不是酵母汤，多年后，英国人廷德尔发现干草含有一种细小但很顽强的孢子，就算煮上几小时也不会死去！最终解决争论的人，是廷德尔；巴斯德的正确，也是廷德尔证明的。

5

拿破仑三世召见了巴斯德。巴斯德对这位神志有些不清的皇帝说，他现在一定要找到作为疾病根源的微生物。在贡比涅举行的一次游宴会上，客人们都奉命准备狩猎，巴斯德却请求不参加；尽管他只在皇宫做客一周，他也让巴黎送来一车仪器，这样做给皇上皇后留下了深刻的印象，在别人都沉迷于浮华的玩乐时，他却专心自己的实验研究。

"我要让世界都知道微生物的母体是什么！"他在巴黎大学做了一次通俗演说，聆听者有小说家大仲马，女天才乔治·桑德，马蒂尔达公爵夫人，还有上百位知名人物。那天晚上，他在台上演绎的科学杂技让观众们当场惊呆，回家的路上还惶恐不安。"请大家都注视光线中那些跳动的灰尘，"他高声呼唤，"在这个讲堂的空气里也是充满着灰尘，你们不要小瞧了这些微小的东西，有时候它们会给你带来疾病甚至死亡，如斑疹伤寒、霍乱、黄热病等！"这些话让听众毛骨悚然，并对其深信不疑。

上到皇帝下到老百姓，每个法国人都被巴斯德提出的新奇的微生物搞得心情激动。学生们、教授们在经过实验室时也会流露出敬畏神情。当学生们经过乌姆路上的高等师范学校的灰色高墙时，谈论道："这里是巴斯德教授工作的地方，他发现了有关生命结构的奇妙事情，甚至知道生命的本原是什么，也正在研究人们为什么生病呢……"经过努力，巴斯德的科研更上一层楼，又有了新的实验室；学生们也都爱听他的精彩演说，他主讲的是微生物，它们是否能够引起疾病还不是很清楚，那神秘的瘟疫和可怕的死亡依旧是个谜团；他的演说依旧吸引着群众。

他在一本小册子中对法国人说："我恳求大家，留心神圣的实验室。实验室要多一些，实验器材也要完善一下。这些是未来，富裕、安乐的未来。"他似乎是一位预言者，看到了50年以后的事情，他展示的就是他的理想。他用行动告诉全国人民，科学可以为祖国的工业节约金钱。他准备好几箱玻璃用具，带着助手杜克劳，去了家乡阿尔布瓦，他要去研究一下葡萄酒变质的原因，力求挽救葡萄酒产业。他在一处先前是咖啡店的地方建立了自己的实验室，那里没有煤气灯，仅有一只炭火盆还算满意，使用吹风器可以让它永不熄灭；杜克劳每天都要经过市镇去打水；乡下木匠和白铁匠也为他打造了简单的实验仪器。巴斯德也找了老朋友，要几瓶酒，是发苦、发黏、似油的酒。有以往研究的经验，他知道了让葡萄汁变成酒的是酵母，现在有种假想，让葡萄酒变质的，一定也是某种微生物。

一点不错！当他用显微镜观察浓稠的葡萄酒时，发现有一种极小的怪异的微生物存在，勾连在一起，好像一串念珠；那些发苦味的酒里是堆满微生物的，而另一种变质的酒里又存在另一种动物。于是他召集本区的酿葡萄酒的人和商人，让他们看看这神奇的事物。

他说："给我带来六七瓶有各种问题的酒。你们不要告诉我它们出现了什么问题，我更不会去尝它们的味道，我却能说出它们的病症所在。"酿酒人自然不能相信他说的话。他们拿来有问题的葡萄酒时难免冷笑，再看看旧咖啡店里那些怪异仪器也觉得很好笑；在他们眼里，巴斯德就是一个货真价实的疯子。这些人想考考巴斯德，在坏酒中也有几瓶没有问题的酒。结果他们都惊呆了：他仅仅用一支细玻璃管，弄出一滴酒，放在两块玻璃之间，用显微镜看了看。酿酒人看到台上的人在那里忙碌着，彼此碰碰胳膊，眉来眼去，时间一分钟一分钟就这样过去了，他们越来越觉得好笑……

突然间，巴斯德看着他们，说："这瓶酒没有问题啊，你们尝尝，看看味道对不对。"

尝酒师尝了一下，皱一皱眉头，巴斯德说得没错。巴斯德就这样试了好几瓶酒，巴斯德说："这是苦酒。"这瓶酒就是苦酒；第二瓶样酒是浓稠的，没有一点点错误！

酿酒人都看傻了，都对他表示钦佩。"这是怎么回事啊，他真是个聪明绝顶的人。"他们喃喃地说。让一个法国农民肯这样承认，是很不容易的……

他们一走，巴斯德和杜克劳感觉到人家信服了他。他们开始研究如何让酒中不存在这种微生物。他们发现，在酒刚发酵完后立即加热，哪怕是文火加热，没有让酒沸腾，那种微生物就会被杀死，酒自然就不会变质了。这就是现在还沿用的方法，叫巴氏灭菌法。

如今，生活在法国东部的人们，已经懂得了如何使葡萄酒不致变坏的方法，法国中部的人民就开始需要巴斯德来挽救他们的制醋业。于是他又赶到图尔。现在的他已经习惯寻找微生物了，不是一开始那样摸索了；他看到那些由酒自己变成醋的桶，桶里的液体表面有一层异样浮垢。制醋人说："这垢一定要有，要不然就得不到醋了。"巴斯德通过两三个星期的研究调查发现：桶的浮垢是几十亿的微生物。他尝一尝几大片浮垢，称一称，忙来忙去，之后了解了其中的原因，把酒变成醋的微生物，几天之内就能吃光这里的酒精，这样酒就变成醋了。人们无法想象这些极小的东西竟然能做如此巨大的事情。我们想一下，一个体重200磅的人，用四天的时间劈了200万磅木头！这简单明白的比喻，使人们对微生物的力量更加了解了，人们开始重视这些小东西了。一想起它们神鬼莫测的工作能力，巴斯德产生这样的想法：如果有一种微生物，注入一头牛或一头象或一个人的身体里，夺走他的命，这就是正常的事了。在他离开图尔之前，他教会当地人如何利用这种微生物，酒加上氧使它变为醋，这种方法让他们赚得大量的法郎。

这些成功，使巴斯德开始陶醉于依赖自己的实验方法。美梦自然就来了：什么时候都有新的发现，狩猎各种微生物，这不单单是他的梦想，他在演讲中也宣扬它们。总之，他是细菌学说的先驱者，而不像有些先驱者会出师未捷身先死，巴斯德是活着的。

然后，一段时期内，巴斯德专心在巴黎实验室工作，现在已经没有什么需要挽救的，直到1865年，幸运之神又一次找到他。就是他的老师杜马教授又来拜访他了，想让他从科学家变为蚕医生。"蚕出了什么事？蚕会生病？我对蚕一窍不通，因为我连一条蚕都没见过呢！"巴斯德表示异议。

<h2 style="text-align:center">6</h2>

"我的家乡是蚕丝之地。"杜马答道，"我刚从那边回来。真惨，我的可怜的家乡，我的阿雷乡村，那里以前是很富庶的，我的家乡本来叫作黄金树的桑树成林的地方，如今变得荒芜冷清了。原本可爱的桑树梯田也快成了废墟，那里的乡亲们在挨饿……"杜马声泪俱下。

巴斯德很少有敬重的人，但他对杜马始终有一种感恩的敬爱之情。我必须帮老教授的忙！可是怎么去帮呢？当时巴斯德怕是连蚕和蚯蚓都不能分辨。但不久之后，人家给他一个茧做检验时，他把它放到耳边，摇一摇，非常惊讶："哎呀，里面有东西？"巴斯德心里是真不想去南方找蚕的病因，因为他害怕自己这一次失败，这是他最怕的。他活在自负和随意的自信之中，可是考虑到对老师的热爱和敬重，他对杜马说："我听你吩咐，由你指挥，咱俩这就过去！"

于是他去了，也带着无从抱怨的巴斯德夫人、小孩、显微镜、三个精力充沛的助手，深入到法国南方。他到达阿雷时，对蚕及其疾病的知识了解得并不多。他到了那里，才知道蚕作茧，在茧内化为蛹；他也知道了蛹化为蛾，蛾爬出来产卵，到了第二年春天又是一窝新蚕。养蚕人没有想到眼前的救星竟然一无所知，告诉巴斯德杀害我们蚕宝宝的病叫微粒子病，病蚕浑身长满像胡椒粒似的黑色小点。巴斯德对于蚕病做了很多猜测，发现的也只是那细小的胡椒粒点和用显微镜才看得出蚕体内的奇特小球，这些特征，说明其有病。

巴斯德还没有将家眷安置好就把显微镜拿了出来，一开始细看病蚕的内部，着重看这些小球。很快就有了发现：那小球是病症。那是他到阿雷的第15天，他聚集农业委员会的委员，对他们说："在蛾将产卵时，让每一对公母蛾都单独相处。让它们交配；母蛾产卵，之后把这两只蛾子钉在一块小板子上，剖开肚子，取一些皮下脂肪。放在显微镜下观察，要寻找这些小球。如果找不到小球，那么卵就是健康的，你们可以用这些卵育新蚕。"

委员们都瞧着亮晶晶的显微镜，他们说："我们农民哪里会用这样的机器啊。"他们感到很疑惑，对于这个器械并不是那么相信。正在这时，巴斯德说了："岂有此理！在我的实验室，就算是一个8岁女孩都能使用显微镜，轻而易举地找出这些小球，可是你们这么大的人却对我说不会用显微镜！"这样说让他们难为情了。委员会也购置了显微镜，一切遵从他的指教。接着，巴斯德开始兴奋忙碌起来了。他忙碌在这个蚕丝之乡，演讲，调查，还有教农民使用显微镜，接着又赶回实验室指导助手做繁复的实验，他自己已经没有时间做，甚至没有一点工夫了。

第二年春天正是蚕作茧的时候，却爆发了一场可怕的瘟疫。他对农民说的那些预言没有实现。曾经选出健康的蛾，并且获得健康的卵，可这些所谓健康的卵孵出来的蚕，说来伤心，蚕长得可怜，有的精神萎靡不愿吃东西，有的蚕不蜕皮，还有干瘪而死的病蚕，吊在桑枝底下的懒蚕……

巴斯德一心忙着挽救丝绸业了，以致没有找出蚕生病的真正原因。曾经的光荣让他只成为一个救世主，可是他忘记了真理不会手到擒来，只有轻视荣誉，并且耐心做实验才能捉住它……

有些养蚕人有些绝望，痛斥巴斯德。巴斯德的日子也不好过。他更加艰苦地工作，其真正的原因还是找不到。他看到这样一窝蚕，完全能作很好的茧，可是在显微镜下竟然看到它们也长满小球。还有一窝蚕，它们在桑枝上郁郁寡欢，得了一种放气的泻病，可是它们体内却没有小球。他有些迷茫了，对自己也产生了怀疑：这小球和这病到底有没有关系？祸不单行，老鼠钻进了实验用的蚕窝，它们也成了老鼠的佳肴，倒霉的杜克劳、梅洛特、杰内斯只有开始轮流值班，整夜去捉老鼠。第二天早晨，开始工作的时候，西方出现了乌云，于是巴斯德夫人和孩子断后，奔出去遮好桑树。到了晚上，巴斯德总是腰酸背痛地靠着安乐椅，给愤怒的养蚕人回信。养蚕人因为用了他的选种方法而损失了一切。

又过了几个月，终于有了新的发现。他认为："我现在已经有几窝健康的蚕，如果我拿被病蚕粪便污染的桑叶喂它们，这些健康的蚕会怎么样呢？"他试了一下，健康的蚕死了，可是，死得很奇怪！实验又进入了死胡同，因为它们的身上并没有胡椒粒点子，而是在25天左右慢慢死去，而患有微粒子病的蚕通常是在3天内萎缩死亡。他失望了，中止了实验，他的助手并不知道他为什么不做实验了。

后来，杰内斯到北方去研究了瓦朗西安的蚕，巴斯德也不知道这是什么道理，杰内斯在那里饲养。有几窝很好的健康蚕。杰内斯坚信，那些小球真的是活的动物，是寄生物，杀死蚕的凶手。他用好的桑叶，也就是病蚕不曾接触过的桑叶，饲养40条健康的蚕。这些蚕结成了27个好茧，破茧而出的蛾没有小球。他把病蚕捣烂，涂抹其他桑叶，饲养一些仅仅活了一天的蚕，它们身上布满胡椒粒子，挤满肉眼看不到的小球儿。他又拿更多已涂抹捣碎了的病蚕的桑叶，饲养一些老蚕。它们作了茧，可出来的蛾也有着小球，卵孵化出的蚕毫无用处。杰内斯有些兴奋，他用显微镜观察到蚕待毙时小球大量增加……

杰内斯把这一切告诉巴斯德："问题解决了，小球是活的，让蚕生病的就是它们！"

6个月后，巴斯德才确定杰内斯是正确的，明白了这一切之后，他再次召集委员会。"那些小球不仅是病症，而且还是病原。这些小球都是活的，它们会繁衍，它们侵入蛾身上。我们现在必须把整只蛾研碎，检查全部。然后，如果没有小球，第二年就不会有问题了！"

委员会按照新方法试着做，第二年，他们得到了很好的蚕，生丝产量也很好。

巴斯德现在知道微粒子病的病原是来自蚕体之外，并不是在体内自生的，于是他把这一切告诉农民们，教给他们好蚕不与被病蚕污染过的桑叶接触的方法。后来他患了脑出血，几乎快要死去时，一听到他的正在建的新实验所停工了，他为之大怒，觉得自己现在还不能死。大病之后的他半身不遂，一直没有复原，他读了斯迈尔博士的《自助》之后，又有了精神抖擞地工作的决心，不顾半身瘫痪的危险。有一次，当他应该躺在床上休息时，他却一瘸一拐地登上了开往南方的火车，愤然地宣告：那么多可怜老百姓忍饥挨饿，如果不根治蚕病，他们怎么活！在法国，除了一小撮装腔作势的卑鄙小人之外，都一致颂扬他，喜爱他。

巴斯德同蚕病苦斗 6 年之久。微粒子病刚刚被解决，又有新的疾病来袭，还好有了先前的经验，找到了病因，比上次快得多。现在，老杜马对巴斯德是很感激的，阿雷市还有着伟大的巴斯德金像。

7

他 45 岁了，却一度沉浸于荣誉，然后，在上帝和杰内斯的帮助下挽救了蚕丝业。"假若我没有猜错，自然发生的说法是错误的，在地球上清除寄生物的疾病，人还是力所能及的。"

1870 年的严冬，巴黎被围，他被迫放下工作，返回了汝拉山区的故乡。历尽艰险，在战场中寻找他的当中士军官的儿子。此时的他对一切德国事物充满了无限憎恨，这恨，就算是死了也不会消除；他是一个爱国的人。"我的所有作品，都必须在书名页上刻上'痛恨普鲁士。报仇！报仇！'"他厉声说，他忠于自己的祖国。接着，他做了一件不同凡响的傻事：他的下一次研究将是复仇的研究。他知道法国啤酒远不及德国啤酒。那好，立志让法国啤酒胜过德国的，他要所有法国啤酒成为啤酒中的王者，不，要成为世界的啤酒帝王。

他远道去拜访了法国几家较大的酿造厂，向每一个人咨询，上至酿造技师，下到洗桶的工人。

英国的巴斯和伯顿是知名的淡色啤酒的酿造者。他用显微镜研究着上千桶新酒，观察酵母小球出芽和制造酒精的神秘过程。有时，他发现前几年在质变葡萄酒中发现的同一种微生物。他告诉酿酒者，如果把酒加热，这些入侵者自然就被消灭了。他保证说，这样做，酿出的啤酒是最妙不可言的啤酒！同时他

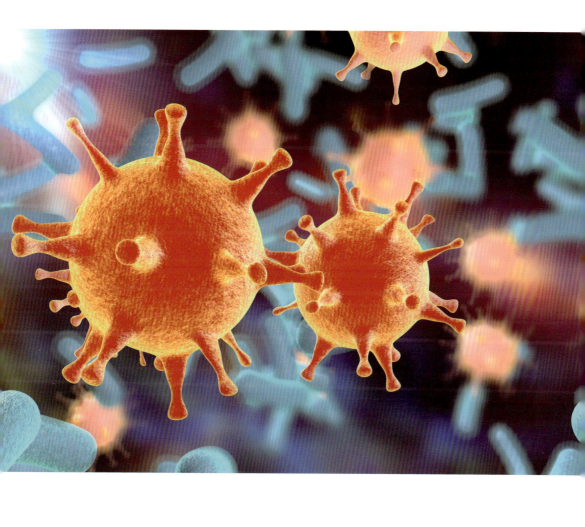

为他的实验室向酿酒人募捐，说，这是一本万利的，他会用这笔钱把高等师范学校的旧实验室改装成小小的科学酿造所。

在巴斯德拼命工作期间，他却越来越厌烦这项研究啤酒的工作。像他憎恶烟草的气味一样也憎恶啤酒的味道。让他不能接受的是，再这样下去，自己要成为一个卓越的啤酒科学家了，在成为啤酒科学家之前，必须成为一个优秀的啤酒品尝者。他开始灰心了，发现酿酒的技术并不仅仅是让啤酒桶中没有有害的微生物入侵那么简单。他的老朋友、物理学家伯廷，痛斥巴斯德酿的啤酒毫无价值。就连年轻的助手也在背地里笑他。巴斯德虽然多才多艺，可他不是神啊！他可以说是一个调查者，还是一个出色的传教士，可是对于啤酒却没有天赋，也就是限于能品评酒味的一个人而已。

巴斯德曾经对法国啤酒业也帮了很大的忙。这一点，有诚恳的酿造业主证明。但是他们坚持说他使法国啤酒同德国啤酒平分秋色了。对此我并不想否认，这个问题最好是由一个庄严的公正的国际委员会来决定才好。

巴斯德的生活和绝大多数过着质朴引退的生活的科学家不一样。他的实验也成为反对他的细菌理论对手的有力武器。必须承认的是，他的实验是非常巧妙的，也点燃了世人的希望和想象的烽火。他也投入了有关酵母把葡萄汁变为酒的争论中，对手是两位法国著名博物学家——夫累密和特累库尔。夫累密也承认把葡萄汁制成酒精的功臣是酵母，可是他极力对研究院说酵母是在葡萄里面自然产生的。自然，研究院的睿智之士有些瞧不起他；除了巴斯德，其他人都是那么可笑。

"夫累密既然说酵母是在葡萄里自己产生的，"巴斯德高声说，"那好，让我做个实验吧！"他拿起那些圆肚子瓶子，灌进一些葡萄汁。把每一个瓶颈都拉成天鹅曲颈。之后把瓶内的葡萄汁煮沸几分钟，过了几天甚至几周，瓶内的葡萄汁都没有一个出现泡泡的。没有酵母，就不会发酵。后来，巴斯德又摘下几颗刚成熟的葡萄，拿一把加热过的且干净的獾毛刷子用清水擦净这些葡萄的表面。对一滴洗葡萄的水用显微镜观察，有着少许球儿，这是酵母的细球。接下来，用10个天鹅曲颈瓶子，在它们边上融合了一根笔直的玻璃管，通过这笔直管子往每一个瓶里都灌入一滴洗过成熟葡萄的水。很快！这10个瓶子仅仅几天后就出现了发酵的粉红色的泡沫，漫到瓶颈。再把剩下的洗过葡萄的水煮沸，灌入另外的 10 只瓶子内。"一切都在意料之中！"几天后他兴奋地说，"经过一煮，洗葡萄水中的酵母就被杀死了，所以这些瓶里没有发酵现象。"

"现在，实验到了高潮阶段，无知的夫累密你看清楚了：成熟的葡萄里面是没有酵母的。"他拿一根上面很锐利的空心小管子加以封闭。这些是在烘炉里烘得很热的小管子，高温能杀死微生物酵母。他小心翼翼地将封了口的锐利尖头那端刺破葡萄皮一直刺到葡萄内部以取到些葡萄汁，再将葡萄汁用小管子滴进天鹅曲颈瓶内，已经有些许葡萄汁在里面了。几天后，他兴奋地叫出声来："夫累密你还能有什么好说的，这一瓶没有发酵，更不会有酵母了！"他气势汹汹地论述下去："微生物不会在葡萄内，或蚕体内，或者健康的动物内部，和在动物的血液或小便里，也就是说微生物不会自己产生。它们都是从外部进入的！"

8

当时，巴斯德有能力做着清除疾病的美梦。他收到英国外科医生利斯特的一封敬仰的信，这封信讲的是在给病人动手术时的一套安全计划，采用消灭那种致命的微生物的手术方法，可是感染却夺取百分之八十的病人的生命。利斯特在信中说："万分感激您，您的杰出实验，让我明白了细菌致腐烂的真理，感谢您告诉我使防腐体系成功的原理。您如果来到爱丁堡，看到我们医院里有多少人由于您的工作而受益，这才是对于您工作的真正回报。"

像自己刚亲手制造一台蒸汽机的孩子，巴斯德以利斯特的来信为荣。他把这封信给朋友们看；他也在他的所有科学论文中插入这封信，甚至连颂扬的那些话也不删去；他在讨论啤酒的书中也提及这封信。随后，老夫累密受到了巴斯德对他的最后一击，他的方式还是比较特别的，他不是痛斥夫累密，而是以恭维自己来战胜对手！他说自己的发现是"非凡发现"，称自己的理论是正确理论，结尾说："总之，正确理论的标志，要有成果。这就是我的研究特征，巴拉先生用慈父般的友情论述我的研究时，指出了这一点。"夫累密从此无话可说了。

现在，微生物让整个欧洲如醉如狂，他心里清楚，是他把曾经不被重视的微生物变为人类的有益助手。但是不久之后，世界震惊了：微生物却成了极小极小的恐怖的吃人魔王和杀人凶手，是人类最凶恶的敌人。他现在是法国的第一公民，甚至在丹麦，知名酿造业主，他们的实验室里还摆上他的半身像。在克劳德·贝尔纳突然去世时，有些朋友发表了这位伟人的未完作品。说来可怕，这一未完成著作的内容确实是葡萄汁变为酒的神秘过程，结论却把巴斯德的整个理论都摧毁了，因为……贝尔纳以一大堆理由得出结论。

巴斯德不敢相信自己的眼睛。贝尔纳竟然这样做了，伟大的贝尔纳，在研究院和他同座，始终赞赏他的工作；在医学研究院，在那些神气活现的医生谈论要把真正的实验抛弃在医学之外时，他和贝尔纳也进行过带嘲讽的议论。"这些医生，稚嫩的博物学家与我的意见不一样，是挺糟的，不过，还有真正伟大的人物，还是赏识我的工作，可贝尔纳现在……"他喃喃自语。

这让巴斯德束手无策，过了一会儿，他要来贝尔纳的原稿，聚精会神地研究起来。原来贝尔纳的实验不过是个开端，这草稿很粗糙；贝尔纳的朋友为了使文章有滋有味，改动了几处，他大喜。然后，他让整个研究院声名狼藉，让法国的伟人们大惊失色，他痛斥贝尔纳的朋友发表怀疑他理论的研究。他反对贝尔纳。随后他又发表了一本小册子，反对这位已经辞世老友的最后研究。他责怪贝尔纳忘记了，小册子风格有些恶劣，甚至从头到尾指责十分严峻的科学家贝尔纳，指责他和法兰西研究院的文学名家们关系太密切，以致染上了神秘观念。"我敢打赌说，他的眼睛有毛病，看不见酵母了！"巴斯德叫嚷着。他就是用这样的批评，野蛮地让人们得出结论：贝尔纳在做最后的工作，已经是老朽昏聩了。太冲动的巴斯德，在贝尔纳的墓上乱跳。

最后，他还是用实验与贝尔纳一决高下。

别人都喜欢不说废话埋头去做事情。而他忙碌得有些奇特，去了木匠和五金店，花高价钱买了块大玻璃，木匠用这些玻璃造了几间可以移动的暖房。他的助手依旧勤劳，废寝忘食，准备好烧瓶、显微镜和加热过的棉花团。让人意料不到是，巴斯德竟然收拾了那些笨重的用具，登上了开往汝拉山区的火车。

他把所有考虑、所有其他工作都抛到九霄云外，抓住一个解决问题的关键："我的发酵理论能不能成立？"

他回到了自己的小小葡萄园，抓紧时间装置好暖房，一部分葡萄藤围在里面。这些是紧密的暖房，葡萄藤与外面的空气是隔绝的。"如今是夏季，葡萄成熟需要很久。"他思索着，"此时葡萄上绝不会找到酵母。"他为了确认没有酵母从空气中落到葡萄上，用加热过的棉花杀尽了微生物，之后小心裹住暖房玻璃下的几串葡萄。返回巴黎的他，耐心地等待葡萄成熟。他有些急于想证实贝尔纳是错误的，过早地回到阿尔布瓦，终于等到葡萄成熟了。他用显微镜观察着暖房里的葡萄，它们的皮上没有酵母。他急切地在加热过的瓶里捣碎部分葡萄，同样，瓶里并没有发酵的泡。可是，当他用在暖房之外和空气有接触的葡萄做同样的实验时，它们起泡并且迅速酿成酒！最终，他带了长着裹有棉花的几串葡萄的藤，回到研究院，他要向所有人挑战，看看有没有人能用这些保护好的葡萄制成酒——不加进酵母是不可能办到的——他要让他们明白：贝尔纳是错误的！

又一次的会议上，巴斯德上报研究院，他可使葡萄藤不受酵母侵入。他大声说："这是值得发现的，在阿尔布瓦的葡萄园里，在全世界任何葡萄园里也是一样，我做的这些实验，没有哪里的土壤不能使葡萄发酵成酒；正好相反，我暖房的土壤却得到了收获，这些不重要吗？其中的道理是什么？因为我用玻璃盖住了这土壤……"

随后，他做了美妙的预言，从他生活的那个时代以来已成为现实的预言，这让你忘记了和亡友贝尔纳的野蛮争吵。"同样，我们要相信这样的一天的到来，那时，会有很简单的预防方法，将制止住这些瘟疫……"他描绘出一幅凄惨画面，那时的新奥尔良的街道被骇人的黄热病化为荒凉之地。他也讲述了伏尔加河岸远处的黑死病，让人们听了毛骨悚然。后来，他使人们希望……

此时，在德国东部的一个小乡村中，有一个年轻的普鲁士医生正在巴斯德所预言的奇迹之路上探索，这位年轻医生在诊病之余用老鼠做实验。这是他想出研究微生物的独特方法，他正在学做一种巴斯德以他所有卓越不凡的技巧而没有成功的事情。让我们暂且离开巴斯德，他是正处在最兴奋的实验和最有趣的争论之中，我们后面再说。先和罗伯特·科赫一起，瞧一瞧他和微生物之间的奇妙故事。

第四章　科赫——与死亡做斗争的战士

1

科赫有着不少的理想。但倒霉的是，他在医学院毕业后，到了汉堡的疯人医院当实习医生。在这里，他为疯子和白痴忙碌。巴斯德关于可怕微生物的预言传不到他那里。他向艾美·弗赖兹沿求婚。艾美答应了他，不过条件是要他放弃冒险生活的妄想，安心做一个对德国有利的好医生。

科赫同意了艾美的条件，和她过了多年的幸福生活，并开始在他看来无聊的行医生活。

正在科赫在普鲁士乡村行医时，欧洲对巴斯德的微生物理论进行着争论，还有些地方进行了简陋的实验，不过这些，科赫都一无所知。

在科赫28岁生日的时候，他的夫人为他买了显微镜供他玩乐。

这位好妻子想："这也许能让他放松一下，少去想他所谓的行医。"

不过夫人意图供他玩的显微镜把他带到了另一个世界，让他干了更加冒险的事情。

"我恨我是在欺骗他们，不是因为我不愿救……我有什么办法呢？明知是不可能的，我连它的起因都不知道，德国最厉害的医生也不知道，我怎么治得了呢？"科赫对艾美说。

科赫是正确的。确实，医生也不知道疾病的原因是什么。巴斯德的实验虽然伟大，可却说明不了人类产生疾病的原因。

"但是，你不能治疗的病，那些名医，一定知道病症的原因。"科赫的夫人可能这样安慰。可在 1873 年那些高明的医生对疫病产生的原因的解释，并不比那些无知乡民高明。在巴黎，巴斯德宣称将会发现结核病的元凶是微生物，可是对于这个看似说梦一样的预言，以医生彼杜为首的巴黎的医生们纷纷攻击他。

"怎么可能！"彼杜狂叫，"结核病的病因是某种微生物？开什么玩笑！这是害人性命的想法！结核病是一种器官组织通过各种途径渐渐遭到感染的破坏的结果。"医生们用没有依据的话语来反对巴斯德的预言。

2

到了晚上，科赫开始玩弄那个新显微镜，很快他就学会了用反光镜让合适的光线射入显微镜，他才知道必须让那薄薄的玻璃片干净得发亮才能够观察到，他把感染炭疽病的牛羊尸体的血液滴在这些玻璃片上，开始了他的未知的探险旅途。

炭疽病这种怪病，全欧洲的农民都是人心惶惶。有些地方，就算是拥有上千只羊的富人，也会在一夜之间变得一贫如洗。在其他地方，它也会残忍杀死穷寡妇赖以生存的牛。瘟病如何将牛羊杀害，没有人知道，一只肥羊羔，白天还能快活地奔跑，晚上却不吃食了，头也会黑得吓人。很快就是另一只羊羔，一只羊，四只羊，六只羊……，如此传染，无休无止。甚至是农民本人、牧羊人、分拣羊毛的人，乃至羊皮商人，全身也会长出可怕的疮疖，或者因患急性肺炎而死去。

科赫一开始用显微镜时，和老列文虎克一样漫无目的，很多事物他要样样检验，直到他发现了死于炭疽病的羊和牛的血液。之后他开始专心研究，甚至是在出诊的路上看到一头死羊，他会把病人忘记。他经常去肉店，打听哪些农庄有因炭疽病死亡的牛羊。科赫的时间很有限，只有在给肚子痛的孩子开药方、为村民拔一颗痛牙的间隙，才能抽空瞧瞧显微镜。这是忙里偷闲啊，那两片薄玻璃，是两片洁净的薄玻璃，滴上几滴因炭疽病而死的牛的已经发黑的血液。观察显微镜筒，在血液中漂浮着的淡绿色的细小圆球之中，看到了状如小杆的小怪物。有时这些杆子短短的，也就只有几条，在血液中漂流，微微颤动。除了这些还有别的，它们很巧妙地钩在一起，黏在一起，看起来是最细的丝线的千分之一。

"这是什么动物？是微生物？它们是活的？它们并没有动……也许是死牲畜的病血在变成这些线和杆。"科赫心想。而其他科学家，法国的达伐内和雷厄，曾经也在死羊血里看到过相同的东西，他们宣称这些杆子是杆菌，而且是活的细菌，认为它们一定是炭疽病的病原，可是除了巴斯德以外没有加以证明，而欧洲又没有人信任巴斯德。科赫对别人如何去想死羊死牛血液里的线杆的事情并没有特别的兴趣，他不在乎医生们的怀疑和嘲笑，巴斯德的热情也没有让他仓促下结论。世界上还很缺少年轻的微生物猎人，科赫的名字还是没有谁听说过的，他单枪匹马，独立自主，只知道那些病死的牲畜血液中有神秘的线。

"还是没有方法来证明这些小杆和线是不是活的。"他想，"还有其他的一些事情需要弄明白……"说来奇怪，他突然不研究病畜，健康的牲畜开始成了他的研究对象。他利用拔牙齿和安慰病人时偷出来的一点时间，去屠宰场走访屠夫，还和乌尔斯泰因的肉商进行亲切交谈，提取了宰杀供食用的 10 头、20 头、50 头健康的牲畜的血液。科赫夫人觉得他越来越不务正业了。他用显微镜注视着健康血液的点滴，一看就是几小时。

"在健康牲畜的血液里，可没有这些杆和线。"科赫在沉思，"这是个好信号，不过这不能够说明它们是不是杆菌，也不知道是不是活的……也看不出它们是否生长繁衍……"

该怎么办呢？结核病患者，透不出气来的患白喉的婴儿，想象自己多灾多难的老太太……唉，对他们无能为力——他作为一个好医生，对他们应该关心，可是他并没有能力去关心他们。关于怎么证明这些细杆是活的这个问题，时刻思考的他竟然在开药方时忘记签名，科赫的全部心思都在显微镜和死得神秘的羊的黑色血液上。

"我现在需要钱买牛羊来做实验，"他低声自语，此时诊室里等待的病人正烦躁不安，"何况牛在我诊所周围也不太合适——你相信吗，我能让这些老鼠也得炭疽病……它们身上那些杆子真是会生长的……"

　　这样，这个环游全球的美梦还没有实现的人，开始了他的奇怪的探索。在我看来，科赫是一个比列文虎克更怪诞的微生物猎人。他自然也是一个靠自己的科学家。科赫没钱，他要埋头务诊，他的学问，也就是普通医学课程中学到的那一点点，他并没有学到什么做实验的技艺；他除了艾美送给他的生日礼物——那架珍爱的显微镜之外没有其他仪器，这一切的一切都要靠他自己想出来。让人想不到的是，他离开老鼠和显微镜后，走进卧室，对妻子说，他发现了新的怪物，这个贤惠的太太总是耸起鼻子说：

　　"罗伯特，你身上有种气味啊！"

　　后来，他偶然想到了一个方法，使老鼠染上了致命的炭疽病。他并没有给老鼠注射有毒的血液，不过在杀死了很多健康的老鼠之后，他把一些细薄木片弄干净，在烘炉里加热后，把木片泡在带有炭疽病的羊血中，这些血里满是那些不活动的线和杆。之后，他抓住拼命扭动的老鼠，用干净的刀在老鼠尾巴根上划一个小口，把浸过血液的木片塞进去。再把这只老鼠放到另一个笼子里，洗净双手，之后再去为他的病人诊病……"那老鼠也许会染上炭疽病而死去……施密特夫人，你的孩子下星期就可以上学去了……希望我手指上不要染上炭疽病菌……"这就是科赫的生活。

　　第二天清晨，科赫来到他那简陋的实验室，只见老鼠肚皮朝上，四脚朝天，直挺挺地躺着，本来白色滑润的毛现在变得铁青。再把刀加热，把这只可怜的死鼠解剖，切开肝脏和脾脏，仔细查看尸体的每一个角落。"是的，这和一只死于炭疽病的羊的内部一样……看看它的脾多么大，多么黑……几乎塞满了它的身体……"他敏捷地用干净的加热过的刀切进已经胀大的脾，将一滴发黑的黏液放在显微镜前……

　　他开始喃喃自语："杆和线在这里……这只老鼠体内都是这种东西，和昨天在死羊血液里的那种一样。"科赫心花怒放，他知道这只老鼠已经染上和羊、牛、人所生的一样的疾病。之后的一个月，他的生活变得单调：每天都拿死鼠的血液或脾液仔细涂在一片洁净的木片上，塞入那些健康的老鼠尾巴上的切口处。每塞入一片木片，第二天上午老鼠就会死去，是死于炭疽病，每一次在显微镜下都能看到死鼠血液中存在着无数杆子和纠缠着的线，只是那些不动的，差不多只有二万五千分之一英寸那么粗的线，是在健康的动物血里从没有发现过的。

科赫想："这些线形生物一定是活的，那塞进老鼠尾巴里的木片上仅仅沾有一滴血，这滴血里也就仅有几百只这种杆子，可是短短一天内老鼠就会染病且死亡，它们也繁殖到几十亿只……"

如何能够看到那些杆菌长成线？他时刻思考着，就是在给病人把脉、看病人的舌头时，也会想到这个问题。晚上，他飞速地吃完饭，对夫人嘟哝一声"晚安"，就把自己关在弥漫着老鼠和消毒剂气味的实验室里，他要找到在老鼠体外滋生细菌的方法。那时，科赫对巴斯德的酵母汤和烧瓶知道得还不多，每天虽然不停地做实验，却是带有原始的穴居人想取火的纯朴的创造性。

"我要让这些线在一种和动物的身体构成相似的材料里繁殖，也就是说这种材料必须是活的。"科赫自言自语。他拿了鲜活的脾，满是纠结的线的脾，放到有一小滴牛眼睛的水样溶液里。"这应该能供它们生存。"他嘀咕着。"不过这些线可能还需要和老鼠体温相近的温度环境。"他说着，做了一个简单的培养箱，用油灯加热保温。他在这个器具中放入两片玻璃，在玻璃之间，他滴下牛眼睛的水样液。到了半夜，还未睡着的时候，又起来把冒烟的油灯灯芯旋低一些，再次用显微镜观察那神秘的玻璃片。有几次，他以为能够看到这些微生物在生长，但是他不能肯定，因为他看到了还有其他微生物也进入两片玻璃之间，且繁殖得更为茂盛，纤细的危险的炭疽杆菌被消除了。

"我必须培养出单纯的杆菌，要绝对单纯，其中不要有其他的微生物。"他喃喃自语。为了实现这个想法，他用尽心思，却感到束手无策。

后来某一天，他突然想到了一个可以察看杆子生长繁殖的好方法，一个简单到让人想笑的方法。"让我把它们放进一滴悬滴里，这里没有其他微生物能进来干扰到我。"他自言自语。科赫取一滴刚宰杀的健康牛眼睛水样液，放在一片彻底加热的薄薄的干净玻璃片上，在这滴水样液里很巧妙地放进一点刚被炭疽病杀死的老鼠的脾屑。之后盖上一块长方形的厚玻璃，它有一个凹面，是为了防止玻璃和水样液接触。在这小井周围，又涂上凡士林，这样薄玻璃与厚玻璃就粘住了。随后灵巧地把这简陋的仪器翻过来，说时迟，那时快，这样他得到了悬滴，放着含有许多杆菌的脾屑的牛眼液体，隔离在那个井里了，并且和其他微生物做了隔离。

科赫还没有明白，不过，从列文虎克第一次在雨水中看见微生物的时候起，在这场狩猎微生物的战斗中，这是人类与死亡斗争的最关键时刻。

"现在除了那杆菌，已经没有任何东西能进入这里，现在来瞧瞧它们能否繁殖。"科赫把悬滴移到显微镜下，突然有一种被抑制的兴奋，拉过一把椅子坐下，要仔细地看清楚会有什么变化。在显微镜的灰色视野中，看到的只是一些老鼠脾的碎屑，在碎屑当中，有的地方有一只极细的杆子。他继续注视着，两小时中他一直在凝视，可是什么也没有出现。后来在病脾的碎片中出现了一个奇怪的现象，一部人间看不到的电影，一部能让他脊背发凉的戏剧。

那些漂浮着的小杆终于开始繁殖了！原来是只有一只的，现在有两只。一只慢慢伸展出来，就成为一根无尽头的线，蜿蜒地横穿显微镜视野，几小时的时间，那小小的脾屑已经完全被成千上万的杆子遮蔽，好像理不清的无色线团，还是活的线团，这就是那偷偷摸摸地暗杀人畜的线团。

"现在我确定那些杆子是活的，"科赫松了口气，"现在我知道它们为什么在小老鼠、羊，还有牛体内能够有上百万的原因了。这些菌中的一只，是牛的十亿分之一，但是哪怕只有一个杆菌进了牛体，这杆菌就会繁殖成几百万只，它们无孔不入，挤满牛的肺、脑，阻塞血管，这太可怕了。"

现在诊病的职责与工作对于科赫来说都变得毫无意义，都是无关紧要的，他脑中只有炭疽病这个谜团。之后的八天，科赫每天都做着那令人不安的实验，创造他那繁衍成百万杆菌的奇迹。他用一丁点杆菌汇集的悬滴，滴在新鲜纯净的牛眼水样液中，在这里，原本少数杆菌会繁衍成无数个。

"这些杆菌已经被我繁殖八代了，都是完全纯粹的，其中不会有其他的微生物，在这第八代悬滴中，没有了死鼠脾痕迹，它们很纯净……如果拿它们注射，这些杆菌还会在动物体内繁衍吗？这些奇妙的线是炭疽病的病原吗？"

科赫用撒满第八代微生物的悬滴，当然，在肉眼看来这些液体是澄清的，仅仅在细木片上抹上一小点。之后熟练地将木片塞进一只健康老鼠的皮下。

第二天，科赫在解剖板上观察这只老鼠。仅仅三分钟，科赫呆住了，一丁点死鼠的脾在两片薄薄的玻璃中间。"我成功了，"他变得兴奋，"这线，这杆，这些取自我的悬滴的小杆菌，和从刚刚死去的羊的肝里取来的一样，会致人、畜死亡。"

科赫在这只老鼠体内发现了与他在第一头死牛血中看到的一样的微生物，那时他并没有想到它是活的。那时他的手还很笨拙，显微镜也是新的。就是那种杆菌，和他曾经精心地培养——从一只又一只的老鼠体内提取，不知用过多少滴悬滴而培养出来的杆菌一模一样。

科赫走在了那时的研究家的前面，也走在了那开路的预言家巴斯德的前面，科赫是首个证明某一种微生物产生了某一种疾病，也确定了那些不起眼的小杆菌可以是杀死强大动物的元凶。这是多么伟大的发现啊！

3

沉稳而持重的科赫，已经度过了他最困难的日子，他并不认为自己是个英雄，他甚至不想把实验结果公布出来！今天，我们很难想象一个人有了如此重要的发现，可是对如此重要的秘密却可以闭口不谈。

科赫依旧孜孜不倦地钻研，让人怀疑的是，一个德国乡村医生这种迟疑、谦虚的精神，他究竟知不知道他做出的实验的美妙和重要呢？

科赫必须了解得更多，他还在坚持不懈！他还用着表面上普通的但足以致命的悬滴液体，用豚鼠和兔子做着实验，最后开始给羊接种。在接过种的动物中，羊和老鼠的身上一样，木片上存在并不是很多的微生物，开始快速地繁殖到几十亿，几小时，本来还是健康的组织已经全是毒素了，阻塞了静脉和动脉，红色的血液也变成了可怕的黑色，最终杀死了羊、豚鼠和兔子。

意外的一次跨越，科赫从无名医生的队伍中，到了最有独创性的研究家之列，他对于猎捕微生物也有独特的方法：行医的工作他开始更加不关心。他不再管远处农家的病儿在哭喊，牙齿剧疼的农民愁眉苦脸地等待他几小时，最后他不得不找别的医生了。科赫夫人开始为他操心，希望他出诊时身上不要再有消毒药水和豚鼠、兔子的奇怪气味。可是现在在他眼里，他的病人、他的妻子和月亮另一边的居民一样，因为一个新的问题困扰着他，他坐立不安，彻夜难眠。

在玻璃片上非常容易灭亡的杆菌，究竟如何从感染的动物传染给健康的动物的呢？

当时的欧洲农民和兽医对炭疽病还是很迷信——这是一种像看不见的利剑悬挂在牛羊群头顶上的疫病——并且还有着奇怪的信仰。当然，也是因为这病太恐怖了，人们被吓到了，这种长仅二万分之一英寸的、微不足道的小杆菌怎么可能引发这么可怕的疫病！"就算是你的细菌能够杀害我们的羊群，"养牛人对科赫说，"但是，医生，为什么我们的牛羊在一块牧场里是完全健壮的，仅仅是把它们赶到另一块长着也很好的青草的牧场上的时候，它们就无缘无故地死去了呢？"

科赫对于这个疑问也有很多困扰。他知道法国的奥弗涅是青翠的山脉，那是令人害怕的山。进入那里的羊群都会被黑瘟病（也就是炭疽病）感染，几十头甚至是几百头都会死去。在博斯乡间，肥沃的田野上，羊群则是膘肥体壮，可是还是死于炭疽病。乡下人被吓得发抖："我们的田地被上天诅咒了。"

这些小杆菌如何能够活过冬天的，多少年来都不曾死去？当他将一点被杆菌侵蚀的死鼠脾放在显微镜下观察时，这些小东西逐渐模糊、破碎，最后消失。他把富有营养的牛眼水样液滴到玻璃片上之后，杆菌也不再滋生繁殖，之后把干了的血液洗下来注射到老鼠身上，这些小老鼠在笼中来回奔跑，很活跃。这说明那可以害死一头大牛的微生物，真的死了！

"那么，为什么它们在田野里活得那么好，而在我这么干净的玻璃上，两天就会死掉呢？"科赫喃喃自语。

后来，显微镜下出现了一个奇怪的景象，微生物出现了奇怪的变化，他开始有了点眉目。科赫坐在实验室的板凳上，却发现了法国田野和山脉中的秘密。在那密封的玻璃井中，滴入一滴悬滴，保持老鼠的体温，过了整整一天。"应该长满杆菌了。"喃喃自语的他向显微镜一看："什么？"他大叫。

那些线的样子变得模糊，在每条线上都粘满了微小的卵形物，它们闪闪发光，像是极小的一串串玻璃珠子。

科赫开始骂自己："这一定是有其他微生物混进了我的悬滴里。"他嘟囔了一句，并继续仔细地察看，原来一切都是出人意料，这些发光的小珠子竟然在线的里面，这些线形的杆菌，竟然变成这些珠子了。之后把这滴悬滴弄干燥，储存起来，大约过了一个月，再次从显微镜观察。这串怪珠子依然存在，光亮如前。他脑海中又有了一个新的实验：他取一滴纯净牛眼的新鲜水样液，滴在这些已经干燥的珠子上。他发现珠子被还原了，变成了平常的杆菌，还是会长成长线。这太奇怪了！

"这些古怪的发亮的珠子竟然又变回先前的炭疽杆菌，"科赫忍不住叫了起来，"也就是说，这些珠子是这种微生物的芽孢，微生物通过如此坚韧的形态，自然经得起极冷极热和干燥的环境……炭疽微生物能够长时期生存在田野间，就是这个原因……"

科赫开始着手更为周密的实验，要验证一下自己的猜测正确与否。现在的他可以熟练地取出死于炭疽病老鼠的脾脏，再用加热杀菌的刀和钳子精心选取材料。他必须小心翼翼，防止空气中的微生物污染这脾脏。他把样品保持在和老鼠体温相同的温度中一天，实验结果和自己的猜测完全相符，这些微生物，那些线，会转变成像玻璃似的珠子。

接下来又做了许多实验，一刻都不能离开他那间又小又乱的简陋实验室，发现了芽孢可以存活几个月，但是只要把它们放进新鲜的牛眼水样液中，或者注入老鼠体内，那致命的杆菌就会复活。

"这些芽孢不会在活着的动物体内产生，只有在动物死后才会出现，还要保持着极温暖的环境。"科赫说，并且又有新的实验证明了这一点，把脾脏放进冰箱，几天之后，将其抹在干净灭菌的细木片上塞进老鼠体内，老鼠不会有危险。

很快到了1876年，科赫34岁了。他从乌尔斯泰因的荒野中走出来，把这一切告诉了世界，他终于证实了微生物和疾病之间的关系。科赫穿上自己最好的衣服，戴上金丝边眼镜，装好显微镜，还有几滴悬滴，这里全是那致命的炭疽杆菌。此外他还带着一只笼子，笼中装着几十只健康的小白鼠。他就要去布雷斯劳了，去向人们展示他的炭疽微生物，究竟是什么杀害老鼠的，还有那发亮芽孢，他要把这一切演示给植物学家科恩看，这位教授一直在激励着他。科恩教授收到过科赫的来信，得知科赫有奇妙的实验，很诧异。科恩觉得这个初出茅庐的医生的创造力很强，能够让大学里的大人物们吃惊，他还是很期待的。他也邀请学校里知名的医学家来旁听科赫的报告。

4

这些大人物来了，就是为了听一个偏居村野的医生的讲演。也许这是老教授科恩的面子，科赫不会有这么大的吸引力。科赫并不擅长辞令，他没有用言语讲微生物是炭疽病的病因。而是连续三天三夜，不辞辛苦地给这些见多识广的老教授看。这是他历时几年的研究。现在有这么多大人物光临，也许是为了显示自己的谦虚，不在乎一个小人物在台上的放肆，现在他们觉得受了巨大的侮辱。科赫并不争辩，也没有妄想狂言，也不做预言，凭借着少有的才智，用木片插进老鼠的尾巴根，那些经验丰富的病理学教授看得目瞪口呆，科赫操作芽孢、杆菌和显微镜，是那么的熟练，好像是个 60 岁的老手。这些让全场都震惊了！

科恩海姆教授是欧洲杰出的研究疾病的科学家之一，他控制不住了。他冲出了讲堂，匆忙来到自己的实验室，对他的学生们大声说："同学们，放下手头的工作，快和我去看科赫医生的实验！"科恩海姆不住喘息。

"教授先生，科赫是谁呀？我们都没有听说过。"

"别问他是谁了，现在他有一个重大发现，非常精确，非常简单，也非常惊人！这个科赫连如何做研究工作都没有学过！这一切都是他自己摸索出来的，这是臻于完美了！"

"可是教授，他发现了什么？"

"真啰唆，我对你们说，你们都要过去，快一点，自己去看看。微生物方面最美妙的发现……会让你们感到羞愧的……去——"不等他把话说完，包括保罗·埃尔利希在内的几个学生全都夺门而出了。

7 年前，巴斯德有过预言："地球上消灭寄生物疾病，人类能够做到……"那时就算是世界上最为出色的医生也会搔搔头皮，心想：这家伙发什么疯？

而到了此时此刻，科赫向世界宣称：当年巴斯德痴人说梦的预言正在实现。"死于炭疽病的动物组织，无论是否新鲜、腐败，还是干燥，抑或是经过了一年，仅仅在它们含有杆菌或杆菌芽孢时，炭疽病才会出现。事实摆在面前，要重新来看待这个问题。"最终，他告诉人们，如何同这种可怕的疾病作战，他的实验也展示了消灭此病的方法："一切被炭疽病杀死的动物，死后就要立即烧掉，或者将其深埋，地下的土温度低，杆菌则不能变成芽孢……"

这样，仅仅三天的时间，科赫给了人们一把宝剑，教会人们如何与敌人微生物作战，与看不见的死亡作战。他开始改变了医生的全部职责，不再用丸药和吸血蛭来胡言乱语，而是以科学为武器，进行理智的战斗，在战斗中摒弃了先前人们所迷信的说法。

科赫在布雷斯劳也遇到了知音——科恩和科恩海姆，都是诚实宽厚的人，他们没有像科学界的无耻之徒那样剽窃他的材料，这两位教授为科赫高呼呐喊，掌声很快传遍欧洲，这让巴斯德担心起来：他微生物猎人的霸主地位恐怕不保。这两位友人帮助这位德国的小人物，柏林的帝国卫生局也给了科赫一个机会，从此他摆脱了繁重的行医生活，专心于追逐那致病的微生物。

如果他孤立无援，抑或是在布雷斯劳受到冷遇，他会安心回到乌尔斯泰因，继续他的行医生活。科赫和艾美整理好家具，搬到了布雷斯劳，做了一名市医生，平时他也会行医赚点外快。这样一位杰出人物，求诊者自然是门庭若市。

科恩和科恩海姆是这么认为的。但是科赫诊所的门铃很少响起，科赫于是明白了：一个医生用头脑去探究事物的奥妙，是非常不好的。他于是回到了乌尔斯泰因，在这里，从1878年到1880年，他在猎逐微生物的舞台上又上了一个台阶，他发现人畜死于伤口感染的肉眼无法发现的怪物，他也练就了用各种颜色染不同的杆菌的本领，这样，微生物原形毕露了。他省吃俭用，买了照相机，将照相机和显微镜组合在一起，他也学会了给这些小动物照相。

"如果不让人们看到病菌的照片，是不能够让人信服的。"科赫说，"一架显微镜不能够让两个人同时观看，两个人画细菌图也不可能一样，有了照相机就可以解决这个问题，多人同时研究，最后会得出一致结论……"科赫就这样开始微生物猎逐，这门初生科学也开始走上有条不紊的道路，在此之前，虽

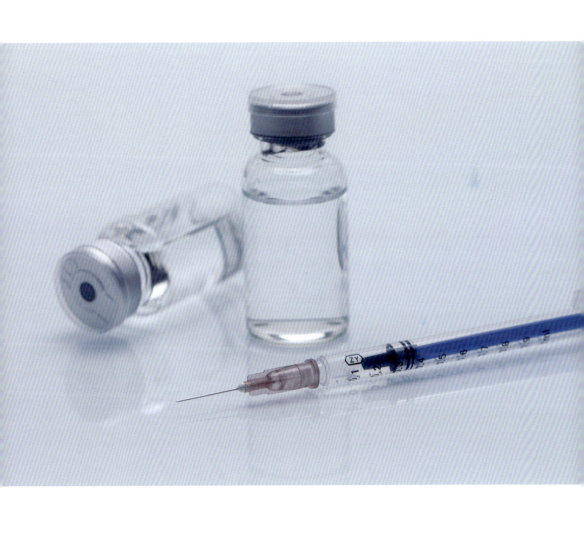

然是探求知识，但毕竟有一些矛盾是没办法解决的。

在布雷斯劳的朋友们还惦记着他。1880 年，一个无名演员登上了一个大舞台，政府任命他到柏林荣任帝国卫生局特别委员。那时，科赫有了属于自己的漂亮的实验室，也有了那梦寐以求的仪器，还有两名助手和宽裕的经费，这让他在工作日可以用十几小时来探索。

此时，科赫的发现已经在欧洲的大小实验室中传开了，也渡过了大西洋，美国医生也燃起了热情。细菌学说大战的序幕拉开了！医学界人士和病理学教授们都想成为一名出色的微生物猎人。每周都有喜讯传来，据说是发现了新的致命微生物。毫无疑问，这是让人患癌或伤寒或结核病的元凶。一个热心的人，会声震五洲地大呼，他发现了一种万病菌，能产生一切疾病，从肺炎到无名肿毒，甚至有人声称已经证明：一种病，就说结核病吧，是由 100 种不同微生物引起的。

可是科赫的发现，可能会和大量期刊登载的有关细菌理论的胡说八道一样成为笑柄，甚至让人们忘记。

一直到现在，人们大声疾呼，需要有更多的实验室，更多的微生物猎人，报酬也更丰厚的研究家，让人们免受疾病的痛苦。这于事无补！只有上帝多给我们几个罗伯特·科赫这样聪明绝顶的研究人物，进步才有希望啊！

可是愚蠢的热情正在扼杀猎逐微生物这个科学新生儿，科赫必须保持冷静，专心研究可以培养纯粹细菌的方法。"一种细菌，只有一种细菌，会产生一种病，也就是说，每一种病都有它本身特有的微生物与之对应，我发现了这一点。"科赫说，其实他还没有完全搞清楚。"我要寻找出几种可靠且简单易行的方法，可以培养一种细菌，一种纯净的，不受任何外来物沾染的细菌。"

可是一种细菌怎样才可以隔离出来呢？于是又有各种各样的古怪仪器发明出来，为的是让各种细菌得到分离。有些微生物猎人设计出来的仪器很复杂，制成之后，只怕连发明者也会忘记制作仪器的初衷。为了不让在空气中的细菌进入他们的瓶子里，勇敢的研究家们绞尽脑汁。

5

一天，科赫碰巧看到了实验室桌上半个熟马铃薯，"这是什么？"他低声说，"这里有点灰色和红色，那里又有点黄色、紫色的斑点，一定是因为空气里的细菌。我要看明白。"

他用细丝挑出一点儿灰色小点，放在显微镜下观察，看到了一群杆菌，然后又挑出黄色小点来观察，接着是红色的、紫色的。每种颜色看到的细菌长得都不一样。

刹那间，科赫看到了美妙的现象。"这么少的一点，竟然是微生物的纯粹培养物，是细菌的纯粹菌落……真简单的方法！当细菌从空气中无意掉入我们所用的液体中时，其中有不同种类混杂在一起……可是当空气中的不同细菌落在这块马铃薯的表面时，每一种都只是停留在它们当初掉下的地方……在那里不会移动……之后在那里生长˙，它们也开始繁殖成上百万只……一定没有错！"

科赫告诉两个助手——军医莱夫勒和加夫基——他们不会想到，对一块丢下的马铃薯的偶然一瞥，就让整个还很混乱的猎逐微生物事业发生了翻天覆地的变化，具有划时代的意义！三个人坐下来工作，用一种惊人的、诚恳的，法国人会说是愚蠢的，德国式的严谨精神，来检验科赫是否正确。他们分别坐在室内的三个窗前，科赫在当中一条高凳上，对着显微镜，莱夫勒和加夫基一左一右坐着，在进行着仔细的研究。很快就发现科赫的预言甚至比他曾梦想过的还要真实！制作两三种细菌的微生物混合体，如果要是在液体汤瓶中培养，是决不会分离解体的。可是把这些微生物混合体涂在熟马铃薯上，每一种单独的微生物竟然会固定在它落脚的地方，开始繁衍它的本种，很快就长成有几百万个单一菌体的菌落。

科赫用半个马铃薯的简单实验把猎取微生物这种猜谜似的游戏变成近乎科学的事情，科赫说："我已开始追踪这让人们患上十多种绝症的小催命鬼了。"在此之前，别的科学家很少对科赫批评、反对，这是因为在自己的研究结果没有十分的把握之前，他决不开口。他的工作也是无懈可击的，他能猜到批评者可能提出的问题，把这些疑问都解决了，一切都是真的。

科赫信心满满，去见最杰出的德国病理学家鲁道夫·维尔荷教授。他也是一位著名的学者，他所熟悉的课题可能比 60 个顶尖科学家加起来的还要多。

维尔荷就是德国医学界的泰斗人物。当年有关血管中的凝块，他的一句话就成了定论，他还有许多令人难忘的名词，如异位、发育不全、黄褐病……

科赫毕恭毕敬地前去拜见这位学界泰斗。

"教授，我找到了可以培养纯粹细菌的方法，不会有其他细菌混杂的。"怯怯的科赫对维尔荷谦卑地说。

"请你和我说说，你是怎么做到的？在我看来这似乎是不可能的。"……得到一种微生物的纯粹菌落……现在我发明了一种比较好的方法……我用明胶同牛肉汁混合……明胶凝固成为固体的面，而——"

但是维尔荷只是默默地听着，还来了一句讥讽，说想让不同种类的微生物不相混杂是非常困难的，科赫应该对每种微生物都进行单独实验吧……一句话，维尔荷对科赫很轻视，他已经到了人生的一个顶峰，上了年纪的人会相信万事万物都已为其所知，你能有什么新发现？科赫有些失望，但是没有灰心。他没有和维尔荷争辩，也没写文章，更没有做演讲去反对，而是继续投身于他的微生物猎逐中最振奋人心的战斗，他开始侦察，发现了那最恶毒的微生物——结核病的元凶。在欧美，每年死亡的每七个人中，就会有一个是死于这种疾病。科赫挽起袖子，擦了擦金丝边眼镜，进一步缉捕结核病的微生物。

6

和这种狡猾的结核病微生物相比，较大的炭疽杆菌是十分容易发现的，而且在将死的炭疽病动物体内充满了这种杆菌。可是结核菌呢？可就没这么容易发现了。

大家对于结核病的认识就只有它可以从病人传染给健康动物，科恩海姆能够让兔子患上结核病。

科赫研究科恩海姆的实验，从中得到了灵感，这正是他想要的，他不可能用人做实验，现在可以用动物。趁着这个时候，他要对付它，找出微生物。

科赫就这样开始着手进行研究。他得到的第一份结核病患者的材料，是来自一个健康的工人。工人才 36 岁，在几周前还十分健康，然后他突然患上结核病，住了四天医院就死了，他体内的每个器官都散布着灰黄色的小颗粒。科赫把取得的颗粒研碎，并把它们注射到兔子眼睛里，之后等待动物出现结核病症状的时候，用上好的显微镜观察死者的病变组织。

在许多天里，他什么也观察不到。"如果说有结核病微生物存在，那它一定是个狡猾的家伙。不过我可以对组织进行染色。"日复一日，科赫用各种颜料给那些病变组织染色……

一天早上，他在观察这些染色的样品时，看到了在病肺的细胞里，躺着一堆堆十分细小的蓝色杆菌。

"啊！它们真好看。"他自言自语，"它们有点弯曲……是我找到结核菌了吗？"

科赫继续给那些病变组织的结核节染色，然后进行观察，都会看到被那蓝色染料染色的这种细小杆菌。现在，那些被他注射过的兔子和豚鼠也都一只只地死去。然后科赫开始对这些死去的动物细心地进行解剖。

科赫在这些动物体内发现了和那个工人体内一样的灰黄色结核节。科赫同样给它们染色，然后在每处结核节中间，他都发现了这种细小的杆菌，和他之前观察到的杆菌一模一样。

"成功了！"他把莱夫勒和加夫基叫来。"你们看！"他说，"6周前我拿了一点儿结核节注射到这动物体内，现在繁殖到了几十亿！这细菌太可怕了，它遍布在动物的体内……"

现在他到柏林的所有医院去要这些死于结核病的人的尸体，把从他们体内取出的病变组织注射到动物体内。

"这工作让人紧张啊！"他自言自语。

但是这个小个子的微生物猎人从未失手，他总是用二氯化汞给自己洗手，并且擦洗所有东西。然后，这些动物接着死去，导致科赫每天长时间忙于解剖，观察到眼睛酸痛。

"我只在患病的人和动物身上发现这些染了蓝色染料的杆菌，"科赫对莱夫勒和加夫基说，"但在健康动物的身体里，我就从没看到过。"

"先生，你的意思是说找到结核病的病原了？"

"不，我所做的研究还不能让我确信……现在我必须培养这些杆菌，让它们在培养液里生长繁殖……如果我用这些培养液给动物注射而让它们得结核病……"莱夫勒和加夫基看着科赫，对自己的仓促定论感到羞愧。

科赫开始培养纯粹的杆菌，用各种混合物进行实验。他给它们配置 12 种不同的汤，并给这些试管保持一定的温度。他冒着危险把那些存着杆菌的病肺放入试管。但是所有的实验结果都是无效的，没有成功。

一天，科赫突然明白了失败的原因："这种结核杆菌只肯在活动物体内生长。"

科赫发明了血清冻。他要来了健康牛的血清进行加热，以消灭掉其他微生物。他小心地把结核杆菌放到里边。

一天天过去了，科赫还是什么也没看到。

"又失败了。"这是他放入结核杆菌后第 14 天了，"其他微生物几天就大量繁殖了，而它什么也没有……"

换了别人，估计已经把这些血清试管给扔了，但是科赫还坚持着。所以科赫在第 15 天去察看时，看到了血清冻面上全是微细斑点。他拿出显微镜开始仔细观察……

他在显微镜下看见了和在死去的工人肺里看到的那些细小微生物一样的杆菌，而且还是活的。

经过几个月的实验研究，科赫相信自己现在已经得到了初步成功。

"现在，我要用这些培养出来的杆菌给健康动物注射，如果这些动物患上结核病，那这种杆菌就是结核病病原了。"

这个极为求实的人把他的实验室变成了动物园。他给各种动物注射，还给那些不生结核病的动物注射。

科赫甚至还给金鱼注射。

数周过去了，每天科赫来到工作室都只看到这些动物活得好好的。它们仿佛说："这结核病菌刚好是我的粮食。"

他的注射对这些动物没有用处，但是豚鼠却开始有结核病的症状，然后一只只死去……

如今科赫完成了实验的最后环节，可以向世界宣告他的实验结果了。但这时，他又决定再进行一个实验。"人类肯定是因为吸入了尘埃里的杆菌或是被结核病患者传染才患病的，那动物会这样吗？"科赫马上想出做这个实验的方法：向动物喷洒培养的杆菌。

他冒着危险再次进行实验。他做了个大箱子，把豚鼠、兔子、老鼠放在里边，并把箱子放在院子里。之后他把一根管口是喷壶的管子安在箱子里，在另一头用吹风机把杆菌毒雾通过管子喷进箱子里。数十天后，这些动物都死于结核病。

科赫没有提起过这个箱子。他错过了可以当作英雄事迹炫耀的机会。

7

1882 年 3 月 24 日，在柏林召开了由德国最出色的科学家出席的生理学会议。到场的有保罗·埃尔利希和在不久前蔑视过科赫的鲁道夫·维尔荷，还有许多与疾病斗争的科学家。

罗伯特·科赫站了起来，看上去有点紧张，手中的论文稿纸在颤动，他用着虚心的态度，告诉在座的人们，告诉这些同僚：如今，全世界的医生都可以了解这种结核杆菌的习性了。科赫给他们详细描述了他对结核杆菌的发现。

科赫说完后，等待大家对论文的问难，但是没有人开口，所有人都看着维尔荷。无话可说的维尔荷只得站起来，离开了会议室。罗伯特·科赫在 1882 年找到了结核杆菌的消息迅速传了出去，第二天早上的报纸头条都是有关这个消息的。于是，医生们纷纷赶去柏林，向科赫请教，向他学习如何捕猎微生物。

可是科赫却拒绝崇拜者："我的发现还没有大的进步。"

他想尽量为自己的研究工作多争取一点时间。他讨厌教学，可还是被迫去教授他人进行微生物捕猎，并且出席那些无聊的招待会。

翻阅他的著作，没有看到任何证实科赫自认为是伟大创造者的证据。他和巴斯德不同，他从不认为自己是人类和残酷的自然斗争中杰出优秀的领袖。尽管这样，他的确让这幕鼓舞人心的舞台剧拉开了序幕，让不少微生物猎人同那些导致人类死亡的凶手斗争，几乎到了献上生命的境界。

例如，费莱申医生在之后发现了奇怪的球形微生物，并证实了这种链球菌是丹毒病原。加雷医生用自己做实验，证明了他发现的葡萄球菌是疖和痈的病原。

1882年末，科赫和巴斯德辩论结束后，他开始探索另一种微生物的脚印。1883年，亚洲霍乱从印度传播到了埃及，霍乱的爆发一时间弄得人心惶惶。这个病毒无人知晓无人看见。

于是巴斯德与科赫之间展开了一场发现霍乱病菌的竞赛。科赫和加夫基带着显微镜和些许动物从柏林起程，而忙着与狂犬病微生物斗争的巴斯德则让他的助手前往。科赫和加夫基废寝忘食地工作，解剖那些因霍乱死亡的病人尸体，在实验室里大量做实验。就在两队人马拼命追逐时，这场霍乱开始离开了。他们都没有找到可以指认凶手的微生物。他们抱怨着它的消退速度让他们错失了良机。

科赫和加夫基正准备回柏林时，一个信差告诉他们法国调查团的特威力尔死于霍乱。

尽管科赫与巴斯德彼此厌恶，但听到这一噩耗，两个德国人马上前去看望，并表示愿意极力帮助。他们抬着特威力尔的棺材来到他的安息地。在那里，科赫放了花圈并致辞："它们虽然简陋，但确是献给勇者的桂冠。"特威力尔的丧葬一结束，科赫就带着一些样品回国。科赫给国务大臣一个报告："我已经发现了一种在所有霍乱病里都存在的细菌，但我无法证实，所以请派我到印度去寻找证实它。"

科赫乘船去印度加尔各答。

在印度，科赫发现在霍乱病人的体内都能找到类似逗号的逗号杆菌，而在健康人身上则找不到，动物体内也没有。

他很快就知道该怎样培养这种纯粹的霍乱病菌，他开始研究这种毒菌。

科赫返回柏林的时候得到了凯旋将军才能得到的欢迎。"霍乱的流行不可能是无缘无故的，"他对博学名医说，"健康人是不会患上霍乱的，除非他吃了这种毒菌——它无法从其他地方产生，它存在于霍乱病人的肠里，或者在印度那些肮脏的水中繁殖。"

感谢罗伯特·科赫不顾自身安危的研究，才让欧美远离这种源于东方的病菌。

8

德皇亲自授予皇冠勋章给科赫，尽管如此，在有人恭维他的时候，他仍谦虚地说："我只是尽力而为。如果说我的成功有过人之处，那不过是因为我做研究的时候碰上了好时机。"

微生物猎人是勇敢的，但是在那些顽固派眼中，所有关于微生物的新说法不过是哗众取宠的言论而已。慕尼黑的佩顿科弗，是一众反对派的领袖，在科赫带着霍乱菌回来时，佩顿科弗写信给他："把你的霍乱菌给我，我会证明它们是无害的！"

科赫送他放有大量霍乱菌的试管，而佩顿科弗则把试管里的微生物全部吞下。随后他不屑地说："如今看看我是不是感染了霍乱！"说来也奇怪，佩顿科弗没有得霍乱，而且到现在也是个谜。

佩顿科弗固执地认为胜利是他的。"霍乱跟细菌没有关系。"他大嚷。

科赫回答："逗号菌就是霍乱。"

佩顿科弗驳斥道："但是我吞了你所给的试管里的微生物，现在什么事也没发生。"

不过，佩顿科弗是幸运的，在之后有不少微生物猎人因为误吞霍乱菌培养物而死去。

第五章　巴斯德——疯狗

1

切莫以为巴斯德会让他的声誉在科赫的微生物证实引起的举国欢庆中消失。历史永远是前进的，名人总会被抛弃在历史之后，并被人们遗忘。但是巴斯德不允许这种情况出现。那是 19 世纪 80 年代①，科赫凭借炭疽芽孢的发现，让德国的医学界为之振奋。可是当时的他太过自负，竟以为打败疾病是他一人之功，忽略了医生们对此的付出。而当时有一个名叫塞梅尔韦斯的研究者已经证实了产妇死于生产是被感染的。而巴黎的产科医院更是产褥热的"温床"，有许多产妇不幸死在那里。于是，准妈妈们拒绝去医院把自己和宝宝置于险地。但是当时没有医生能改变这一境况。

巴斯德在一次巴黎的医学研究会上打断了一位医生的侃侃而谈，他告诉所有的医生，产妇死于产褥热是由于在手术过程中一种致命的微生物传染到产妇的体内。那位医生不想自己的演讲被人破坏，气急败坏地指责巴斯德说："即使这样，你也无法证实是什么微生物。"

巴斯德听了立刻走上讲台，在黑板上画出了他发现的微生物的样子，大声说道："我找到了，就是各位现在在黑板上所看到的样子。"

即使巴斯德已年近六旬，但他对真理的追求依旧像年轻时一样。对危害人们的微生物，他决不放过。好比年轻时对病蚕的救治，改善了啤酒的酿造。

---

① 原文为"1788 年"，经核实，此处应为 19 世纪 80 年代。

可是，巴斯德的发现早就被科赫证实了。所以他决定要在科赫之前把这个微生物研究清楚，尽管这条路会很艰难。他以前是一个化学家，而不是医生。他依旧相信自己能比科赫快，因为他比科赫年纪不知道大了多少。在巴斯德到医院进行研究时有三个人给了他巨大的帮助——朱伯特、埃米尔·鲁和张伯兰。他们是三个反对医院的死板教条、相信和支持巴斯德的年轻医生。他们成了巴斯德的助手，帮巴斯德在医院搜集数据、做研究。

做研究是没有固定的方法的，只要它是有用的。于是巴斯德和科赫用的就是不一样的证明方式，而且他们是两个极端——一个狂热，一个冷静。

巴斯德有丰富的联想力，他先用助手的疖子培植病菌，再到医院提取产褥热的链拆微生物，再到乡下去研究蚯蚓是怎样把炭疽杆菌转移到地表的。他总是做着许多事，许多有关研究的事，不知疲累地做着研究。从这可以看出他是有多想赶超科赫。鲁在后来谈起巴斯德时，这段经历总是必不可少的笑料。巴斯德过于急切，做着好多没有章法的事却又一往无前，毫不畏惧。鲁还说："他没有科赫的冷静和理智，培植病菌的器皿内有没有其他的微生物，他也不能确定。于是有一次炭疽杆菌不知道被什么其他的细菌消灭了，他就由此产生了一个大胆的想法——对于产褥热的微生物可以用以毒攻毒的办法。说到做到，鲁和张伯兰就立刻被他吩咐对豚鼠做这个实验。

可是后来巴斯德又没有做后续的实验了。有一天科学研究院要他做一个比较不常见的实验，他才发现自己那个"以毒攻毒"的想法是可行的。它能让微生物变成医学上有效的治疗物质。就在他想进一步证明这是可行的方法时，一个叫洛弗里埃的法国兽医已经救活了许多得了炭疽病的牛，并且它的治疗方法已经得到了认可。

2

巴斯德带着他的助手们去了汝拉山区。他们看到一些农民在用洛弗里埃的方法治疗一头病牛。那是一种没见过的方法。他们就在一旁痴痴地看着——把牛身弄热，再用刀割破牛身，把松节油注射进刀口处，最后，给牛敷上热醋，再拿一块大布给牛全裹上。

　　巴斯德认为洛弗里埃的治疗方式并不一定就能治得好病的牛，有可能是其他原因，牛才没死的。于是他对洛弗里埃说，希望能进行一个实验——在健康的牛身上注射足够的炭疽杆菌，确保牛得的是炭疽病。

　　然后过了一天，牛出现了得病的症状。巴斯德就要洛弗里埃从中挑出甲、乙两头牛用他自己的方法进行治疗，让另外两头得不到治疗。这个治疗结果令大家大吃一惊，因为得到治疗和没得到治疗的牛都是一头好了，一头死了。洛弗里埃备受打击。于是巴斯德安慰他说："其实实验一两次是不可信的，只有经过长期的反复实验才可以说一个结论是对的。"

　　就在这时巴斯德提出了自己的治疗方法，他把在巴黎培植的更厉害的培养菌注射在那两头活下来的牛身上，曾经这种病菌让一头健康的牛活不过一夜。可是现在那两头牛还活着。这是怎么回事呢？

　　经过巴斯德的再三思考，他的脑海中浮现出一个想法——有可能那两头牛曾经得过炭疽病，体内产生了免疫力。那么就可以让所有动物都感染上不致命的炭疽病，然后避免以后得上致命的炭疽病。可是要怎样让动物只感染上一种病呢？为此巴斯德茶不思饭不想地想了几个月。在这段时间里，他的助手仍旧不辞辛苦地从各种病人和动物身上提取病菌，搜集资料。经过两年的时间，巴斯德终于找到了免疫的方法。对于这几次的研究，和巴斯德一起工作的人各有各的说法，而巴斯德对此也有自己的理解。

　　在 19 世纪①80 年代，巴斯德又研究上了一种让鸡染上鸡霍乱的细小微生物。另外有一个叫培隆西托的医生也在研究这一微生物，并在最好的显微镜下找到了这种微生物。于是巴斯德把这种微生物滴了一滴在面包上喂给一只健康的鸡，不一会儿，那只鸡就染上了鸡霍乱，死了。

　　巴斯德的助手鲁和张伯兰用心地培养着这种恐怖的微生物，每天都不停地移植这种微生物，全然不顾实验室的打扫，到处都是实验器具。就这样，幸运之神再一次关照了巴斯德。一天他在打扫实验室时发现许久以前的瓶子里竟然还有活着的鸡霍乱微生物。巴斯德马上想到可以将这个旧的微生物注射到鸡身

---

　　① 原文为"17 世纪"，经核实，此处应为 19 世纪。

上，鸡立刻患病。可是当隔天巴斯德要对这些鸡进行解剖研究时，竟然发现鸡又全部好了。

这又是怎么回事呢？以前鸡总是在注射病菌后就死了。为什么这次这些鸡还活着呢？巴斯德没有想明白，就把这些鸡交给家里的保姆和家人、助手们出去玩了。

度假回来后的某一天，巴斯德需要做鸡的实验，叫保姆捉几只健康的鸡过来，却被告知没有几只了，大部分鸡都被注射过病菌，没有死，只是病了。于是巴斯德就说把那几只新鸡和那几只注射过病菌的鸡全拿来，然后和助手一起在鸡身上注射了等量的含有大量细菌的鸡汤。翌日，巴斯德比助手还早到了实验室，惊喜地发现昨天注射过病菌的健康鸡全部死了，可是以前被注射过病菌的鸡却都活着。鲁和张伯兰看到后也不知道是怎么回事。

巴斯德站起来大声地说："我们成功了。我们将旧的微生物注射到鸡身上就能只让它感染一点点病，然后鸡好了以后就能对任何有害的微生物产生免疫了。我们成功了！哈哈！哈哈！"

3

任何人都能做出和巴斯德一样充满意外的实验。因为这个实验不是用大脑设计出来的，而是在一次又一次的实验中进行的。所以当我们遇到困难时，不能坐以待毙，应该不断地寻找办法，因为解决的办法就是在一次次的尝试中产生的。现在巴斯德已经年近六旬，对让鸡免患霍乱的研究花了他六年的时间。在这些年里，他倾注了自己所有的精力，度过了自己最精彩的六年。

于是巴斯德和他的助手赶紧证实自己原先的猜测。让具有危害性的鸡霍乱微生物变衰老，再将它注射到健康的鸡身上。然后鸡病了，但没几天也好了。并且再往它们身上注射其他有害的病菌它们也不会生病了。因此，巴斯德把有害的微生物变成了能治病的微生物。

如今，巴斯德更自负了，他经常对医生说是他证实了詹纳在天花上的失败。现在微生物能变成有益的全有赖于他。

因此，有些医生对于巴斯德的自大很不能接受。一个名叫盖朗的医生总是会与巴斯德进行口舌之争，甚至还会动手。有一次就是多亏旁边朋友的劝架，才免去了两人的战争。

隔天老盖朗就给巴斯德下了决斗的挑战书。

巴斯德是上帝的追随者，他容易在大的成就上犯错。好比现在他发现让鸡对霍乱菌免疫的方法，就以为能让鸡再也不得病了。

他兴奋之极给杜马老教授写信说明自己的新发现。

可惜老杜马竟把他的想法和研究资料占为己有，刊登在了科学研究院通报上。可是巴斯德有一个优点，就是他决不认输。因此，1881 年，他在鲁和张伯兰的帮助下又找到了克服炭疽微生物的方法。

巴斯德立刻把这个发现直接上报科学研究院。老盖朗也发现了新的细菌，于是他们俩又一次争辩了起来。在和鲁回家时，巴斯德一直都在絮絮叨叨地说老盖朗。因为巴斯德认为科学也是有感情的，需要自己去挖掘，而不仅仅是搜集数据。但是老盖朗就只是搜集了数据而已。

但是巴斯德的挑战总是不断，这次学会立刻筹集一笔款项，买了一些羊和几头牛，派老男爵德·拉·罗歇特去奉承巴斯德，使他进入这个危险的实验陷阱。

巴斯德没有起疑："我愿意向你们证明我的菌苗对这里的羊是有效果的。"

这对于巴斯德非常重要，他决定在当年的五六月份公开实验。

已经因为工作非常疲惫的鲁和张伯兰才到乡下度假，就接到电报：

"速回巴黎，在大众面前证实菌苗能让羊对炭疽病免疫——巴斯德。"

他们急忙赶回巴黎。巴斯德对他们说："在普伊勒福尔农场，我会在默伦农业学会跟前给一些羊和几头牛接种，一只羊和几头牛不接种，然后在一定时间里，把我们最厉害的炭疽杆菌培养液给所有羊和牛注射。接种过的就像原先一样；而没有接种的，则会在两天内死亡。"巴斯德一副很有把握的模样。

"不过，老师，我们不能绝对肯定菌苗。你知道，菌苗有可能会杀死要保护的羊。"

"菌苗在实验室里对那些羊生效，在这里也是一样！"巴斯德怒吼。所以鲁和张伯兰只能去准备菌苗。

第一次注射的日子终于到来了。他们准备好瓶子和注射器，给烧瓶贴上了标签。"年轻人，别把第一次菌苗和第二次菌苗给混淆了！"巴斯德高兴地嘱咐道。当他们来到普伊勒福尔田间，已经有议员、科学家、兽医、名流，还有不少农民在那看着。当巴斯德走过去的时候，有人欢呼，有人暗自嘲笑。

还有成群的新闻记者也在场。鲁和张伯兰小心地拨弄注射器，给羊和牛的大腿注射五滴炭疽杆菌菌苗。然后在它们的耳朵上做标记。

12 天过去了，又再给牲畜注射了比上次强的菌苗，这些牲畜还是活蹦乱跳。决定命运的最后时刻就要接近了，每天巴斯德的助手都去给接过种的牲畜测量体温，所幸的是牲畜都很健康。

鲁和张伯兰有了不少白发，巴斯德却以一贯的可爱的率直评价自己："如果成功了，将成为伟大的经典之一。"

4

后来，在 5 月 31 日。接种过的和没有接种过的牲畜都被注射了足量的致命的炭疽杆菌。

巴斯德把自己的声誉交付给这次实验，他终于明白他做了一件虽然英勇但很恐怖的鲁莽实验。他无法入眠，巴斯德夫人安慰说："一切都会顺利的。"

1881 年 6 月 2 日，来观看实验的人数众多，除了议员，还有达官贵人和成群的新闻记者。

14 点整，巴斯德和他的助手出现了，这时没有任何嘲笑的人了，只剩下欢呼声。接种过的羊没有一只发烧，它们都是活蹦乱跳的，丝毫不见炭疽杆菌对它们有任何影响。不过没有接种的牲畜几乎都已经死亡，还剩下的两只也离死亡不远了，走路不稳，发黑的血液从它们的嘴中和鼻孔流出。

"看！没有接种过的羊又死去一只了！"一位兽医高呼。

5

在 6 月 2 日，巴斯德成了一个现代奇迹的创造者。也就是在这一天，在场的不少对这位易怒、半瘫的微生物猎人有过嘲笑的怀疑者也开始信服他。因为他在保全动物的同时，也给了这些看不见的入侵者致命一击。

6

大家都亲眼看着巴斯德免疫的那些羊在那些死羊中间奔跑。兽医比俄，本是使巴斯德上当的人，此时却奔向巴斯德，叫道："巴斯德先生，把你的菌苗给我接种吧，我愿意让你注射毒菌！"

另一个敌人说："我确实嘲笑过，但现在我悔改了！"

布罗维兹跑去给《泰晤士报》和全球的报纸发电报："这次的实验是一次完美的胜利。"

世界接到了这个消息，相信巴斯德可以解除人类的所有痛苦。法国称他为法国最伟大的儿子，给他奖励。遭炭疽毒祸的农民纷纷向他乞求这救命的菌苗。巴斯德有求必应，全不管他们自己的健康，也不管科学。

应这些电报的需要，巴斯德在小小实验室里和助手们制造了大量的菌苗。

鲁、张伯兰和朱伯特①除了辛苦地生产菌苗之外，还要抽时间到各地给牲畜们接种。这些疲惫的人得不到休息。实验室的菌苗出现了问题，这些人变得更加忙碌……

巴斯德想找到狂犬病毒。

而今，夜里笼子里满是动物的叫声，让鲁、张伯兰和朱伯特无法入睡……如果没有他们的协助，巴斯德是得不到这样的成功的。

在普伊勒福尔奇迹不过一年之后，证实了巴斯德虽然是个有创造性的微生物猎人，但却不是上帝。他的菌苗出现了问题，那些注射了菌苗的牲畜死于他的菌苗之下……

巴斯德开始不想拆信了，随后德国人科赫发表了炭疽菌菌苗是没有实用性的科学报告，恐怖却又精准。他深知科赫是最精确的微生物猎人。

确实，他为他那发现的后果无法入眠。他的性格使他不会承认自己的观点是错误的。

---

① 原文为"特威利尔"，经核实，此处应为"朱伯特"。

巴斯德确实是个杰出的研究者，可是他缺少优秀的无私的坦诚。1882 年，他赶到日内瓦，做了关于怎样用削弱了的微生物进行注射使生物对毒性疾病免疫的讲演，巴斯德保证："已经发现了总的原理，我们必须相信未来是充满希望的。"

不幸的是，他对自己的菌苗出现的问题绝口不提。

在这次会议上，科赫的微笑让巴斯德芒刺在背，于是他向并不擅长辩论的科赫发起挑战。

"我会尽快用书面形式回复的。"科赫说。

恐怖的答复很快就出现了。科赫医生首先谈他得到的那些炭疽菌菌苗。

科赫用那些菌苗实验过了，巴斯德先生说他的第一菌苗能杀死小鼠，可是实验结果是这些菌苗连小鼠都杀不死，只是把里边的某些东西杀死了！巴斯德先生还说能让豚鼠死去而兔子活着的第二菌苗也常会杀死兔子，有时还能让羊死去。

难道巴斯德先生的菌苗只是含有炭疽微生物的纯粹的培养液吗？科赫医生研究过菌苗，里边有着许多其他的细菌。

最后，巴斯德先生为什么在谈使用菌苗的好处时，不说造成的负面影响呢？

"这种做法，可能适合商业广告，但不适合科学。"科赫如此说。

巴斯德大发雷霆："科赫 1876 年才投身科学，而在 20 年前，这就已经是我的工作之一了，所以科赫所说的是没有必要重视的！"巴斯德振振有词。

法国民众，尤其不肯相信，科赫把他们的英雄给打败了——一个德国人能有什么成功？——他们立即推选巴斯德到拥有最高荣耀的法兰西研究院工作。在巴斯德入院的那天，由埃内斯特·勒南欢迎他加入。虽然勒南不是科学家，可他很聪明，知道巴斯德已经做了一件伟大的事情——尽管不是绝对成功。

试想这两个截然不同的人，在这个庄严的日子里迎面相对。勒南称巴斯德为天才，他给予这位微生物猎人善意的忠告："先生，真理是一个女人，太过分的热情得不到她，冷淡常会让她顺从。永别之后又会出现，但是爱得过于热情，她就会冷漠。"

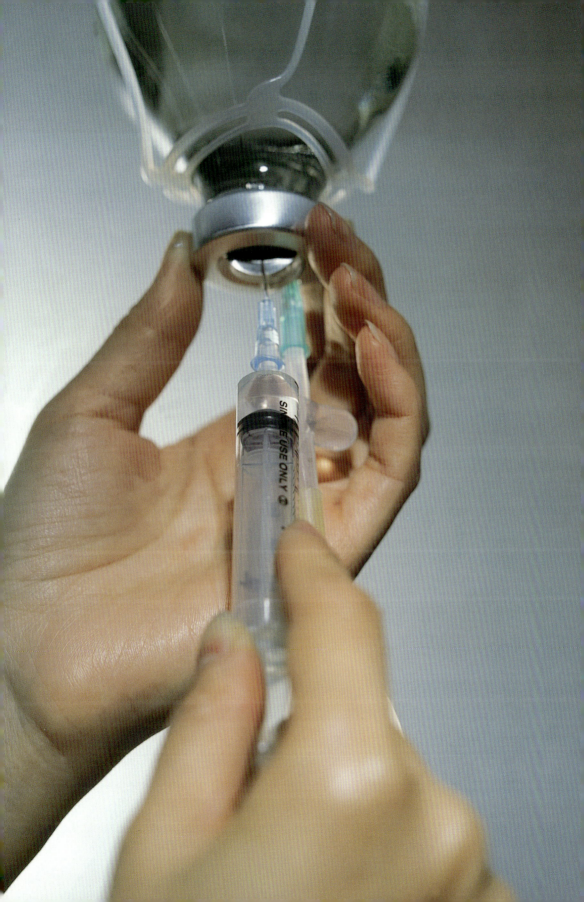

勒南非常精明，并不觉得他的话对于像巴斯德这样一个真理追求者会起什么作用。不过尽管这样，这些话概括了巴斯德的真正悲哀。

7

如今巴斯德开始进行狂犬病病菌的研究。他在随时可能会被感染的危险下，在疯狗的口中猎取狂犬病病菌。

巴斯德为什么要捕猎狂犬病病菌？这是难以明白的，在当时还有许多比狂犬病更严重的疾病的微生物没有找到，而且研究这些疾病要比狂犬病安全得多。

巴斯德曾说过："我始终无法忘记小时候在阿尔布瓦街上听到的那些受害者的叫喊……"可以肯定，他认为自己可以把人们从这样的恐惧中拯救出来。

他在死于狂犬病的小孩的唾液中找到了一种奇怪的细菌。不过不久之后他就发现这种奇怪的细菌在很多健康人的唾液里也能见到。

在 1882 年末，他终于有了一点线索。"现在已经很少有疯狗了，而且得狂犬病的人更加少了。我们要在自己的实验室里生产这种病，不然就不能研究了。"他想道。那时他已经 60 岁了。

之后有一天，一只疯狗来到实验室，他冒着危险让它去咬健康的狗，鲁和张伯兰则从疯狗的口里取出口水给兔子和豚鼠注射。之后他们迫切地等待着这些动物患上狂犬病。可是，实验有时会见效，有时候却又毫无效果。

后来，巴斯德有了一个想法，于是他告诉鲁：

"狂犬病病毒可以在人体的脑和脊髓里躲起来，这些微生物伤害的是神经系统……"

"我们也许可以用活动物的脑袋来代替肉汤，可是……"

"可惜我无法直接把病毒注射到狗的脑袋里……"

鲁听着这些奇怪的想法，很是津津有味，要是换作别人，该认为巴斯德疯了。

"老师，我可以在不伤害狗的前提下给它的头颅钻一个小洞……"鲁说。

巴斯德愤怒不已地制止了鲁："什么！我不同意，这会损坏它的脑袋的。"

过了几天，当离开实验室后，鲁就开始做这件事。他给健康狗的头颅开了个洞，把研碎了的疯狗脑子注射进去。

第二天早晨，鲁告诉了巴斯德。巴斯德厉声说："这可怜的家伙一定要死了！"

但是鲁已经下楼把他手术过的那只狗带了上来。这只狗还是活蹦乱跳的。这让巴斯德看到了希望。

确实，在几个星期后，这只狗变成了疯狗，又过了几天就死去了。

现在，巴斯德以及鲁和张伯兰可以让动物患狂犬病的方法了。"我们找不到这种微生物，在肉汤里也无法培养，但是我们可以让它活着。"巴斯德对鲁和张伯兰说。

从来没有过这样古怪的实验，也没有比这个斗争更不科学的成就了。

接着巴斯德和助手们出发开始驯服这种他们看不见的恶性病毒。其中虽有间断，但大多时候三个人关在实验室里进行着数不清的实验。

巴斯德看管着他的助手，让他们不停地在实验室的工作台工作，禁止助手的朋友来找他们放松一下。

几个月过去，他们都无法降低这看不见的狂犬病病毒的毒性，因为他们注射过的动物都死去了。

"老师，行不通啊！"他们说。

于是巴斯德怒吼："把实验反复做下去，不能放弃这个研究！"虽然事实总是在和他作对，但他还是不停地去研究、去尝试，而这样有时能让绝望成为胜利。

然后，值得激动的一天终于出现了。一只接受了足以致命的病毒的狗奇迹般地活了下来。几星期后，他们再次给这只康复的狗注射，但是它一直活着，它对狂犬病免疫了！

"现在我们有了一个动物得了狂犬病康复了……现在我们要发明驯服这种毒素的方法。"巴斯德说。他的书桌上满是实验大纲。

他们最后想出溶解狂犬病病毒的方法——把死于狂犬病的兔子的脊髓取出干燥，然后注射到健康的狗脑袋里……

"这病毒的毒性也许减弱了。"巴斯德毫无根据地做出结论。

他们发狂似的进行着没有根据、没有把握的实验。

他们等了数个星期，等着狗患上狂犬病，但是并没有让他们非常兴奋。是这些狗免疫了吗？

巴斯德非常担心——如果失败了，所有都将化为乌有。

一天，鲁给两只接种的狗和两只未接种的狗注射了大量的狂犬病病毒……

一个月后，他们知道在这三年工作的最后，他们已经胜利了。因为，接种过的狗活着，而没接种过的狗死于狂犬病。

巴斯德最初想要进行批量注射，被诺卡兽医拒绝了。因为哪来这么多人手，哪有这么多时间，而且哪有这么多菌苗，这是不可行的。

最后，巴斯德想到了一个办法解决他的困难，那就是给被疯狗咬的人注射狂犬病菌苗。巴斯德吃过炭疽菌菌苗接种时而无效的苦头了。这次他请求法国优秀的医学家组成调查团，对他的所有实验进行检验。检验完成后，调查团宣告：

"这种菌苗是确实有效的！"

从全世界发来了、寄来了向巴斯德求救的信件，哀求他把菌苗给他们，以供他们来治疗狂犬病病人。连巴西皇帝也屈尊致信巴斯德……

你大概能够想象巴斯德是多么的不安。这可不像炭疽病，这是关系到人命的。

于是他又无法入睡，他在黑暗中仿佛看见了众多孩子因他的犹豫而死去……"我自己接种狂犬病菌苗，用来证实这个菌苗对人是可行的。"他致信老朋友朱尔斯·维塞尔。

最后，迈斯特夫人让他放弃了这个并不坚定的决心。这个妇人带着一个被疯狗咬伤的男孩来到实验室。

"救救他吧！"这妇人哀求道。这天夜里，法尔班和格朗沙和他一起来看这个孩子，法尔班看到孩子后，开始劝巴斯德接种。

1885 年 7 月 6 日的这天夜里，他们第一次给人类注射了狂犬病菌苗，减弱了其狂犬病病毒的毒性，之后陆续进行了 14 次注射后，这个孩子活了下来，没有患上狂犬病。

于是巴斯德宣告：他愿意用这菌苗让人类免于狂犬病。

世界上被疯狗咬伤正遭受痛苦的人们陆续来到这个小小的实验室，请求巴斯德挽救他们的生命。

这个并不是医生的人答应了他们，并给他们注射了那 14 针菌苗，送他们平安回家。

从俄国斯摩棱斯克来了一些农民，他们在 10 多天前被一条疯狗乱咬，其中 5 个人已经十分危险。

于是整个巴黎对这些必死无疑的俄国人十分关心。巴斯德和他的助手们对这些俄国人进行注射时，大家都议论纷纷……

大家都说："也许这些人都会死，被疯狗咬了这么长时间，病情一定很严重了……"

的确，也许是已经晚了。巴斯德很是不安，他冒了一个恐怖的危险——为了挽回一些时间，他给这些人一天进行两次注射，一共注射了 14 次。

最后，全法国甚至全世界都为巴斯德高唱赞歌——因为疫苗救活了这些人，只有 3 个没治好。农民们回到俄国，受到了欢迎，俄沙皇把钻石圣安娜十字勋章授予巴斯德，赠款 10 万法郎给他，帮助兴建巴斯德实验所。并且世界上每个国家都送钱来供建设这所实验所。

实验所建成了，而巴斯德的工作也结束了。1895 年，他在离巴黎市区不远的维拉内武·雷当的一座小房子里与世长辞。

这就是这位优秀又有着缺点的微生物猎人的完美结局。

巴斯德七十大寿这天，在巴黎大学为他举办的盛大集会上，巴斯德得到了一枚奖章。年届古稀的巴斯德向大学生、向高中的孩子们发出号召：

"切勿让你们自己染上一无是处的怀疑的恶习，不要因为民族某一时期的伤痛而心如死灰，不要让自己生活在沉寂中。首先你们要想到自己受到教育后做了什么，再问自己为国家奉献了什么。到那时候，你们会在某些方面、某个时间，在某件事上为人类的进步做出贡献……"

第六章　鲁和贝林——屠杀豚鼠

1

人类扑杀豚鼠，是拯救生命。

埃米尔·鲁是个科学家，研究一段时间后，发现一种渗出的只要一盎司就能让数不清的大狗死亡的毒液。几年之后，科赫所说的治结核病灵药无效而饱受人们诅咒时，他的学生埃米尔·贝林找到了存在于豚鼠血液中的可以把白喉毒变得无害的东西。尽管科赫失败了，不过两个埃米尔重新让人相信微生物是有益的。两位年轻人发现白喉抗毒素是震惊世人的，他们致力于拯救人类，疯狂地屠杀豚鼠，实验室就像古时的战场，到处都是尸体；鲁像恶魔一样，挖死去孩子的内脏；贝林在黑暗中四处碰壁。而这些事实，他们并没有借鉴。每次实验成功的背后，是他们数千次的实验失败。

但是，他们终于还是发现了抗毒素。

如果没有弗雷德里克·莱夫勒的发现，他们是不可能成功的。莱夫勒也是一位微生物猎人，在科赫研究结核杆菌时，他就在一旁。在 19 世纪 80 年代，白喉泛滥。这种病实在是可憎，每个世纪中总有那么些时间发作剧烈。医院病房的小床上，干咳不断、脸色发青的孩子即将死亡。医生们强装欢喜地在病房里进进出出，他们无计可施。躺在病床上的 10 个孩子有 5 个离开了人世。

莱夫勒在太平间里对这些死者进行解剖。他在死者的咽喉里取出灰色的物体，并把它们装进细管中用显微镜进行观察。他发现这些东西里有着奇怪的杆菌，并将这发现告诉科赫。

不过科赫说："没有得到证实的结论是没有用的。"科赫是个认真的学者，学生莱夫勒也同样受到影响。

他认真检查孩子的身体，搜寻微生物。但是它只存在于咽喉中。他不明白这种病菌怎样令孩子死去。他按照老师的吩咐进行实验，结果却各不相同。莱夫勒对小小病毒能令人和动物死亡感到疑惑。

莱夫勒是个诚实而又没有想象力的研究家。最后，他诚实地写了一篇严密的论文。这篇论文是不为他自己辩白的报告，只详细描述了研究的事实和一切因素。你能够听到他在写作时的自言自语："我不确定这个杆菌是否是白喉病原，我在没有白喉症状的孩子的咽喉里也找到了它，可是它能够杀死豚鼠和兔子。"

但是他所写的论文结尾给两位埃米尔留下线索。他自己虽然毫无发现，却肯定别人能够发现。他把自己关于这种杆菌会制造出一种毒素的幻想灌输进了鲁的头脑。

2

1884 年，莱夫勒的梦想通过一个似乎是不可能的实验得到了实现。巴斯德在监督建造研究所，梅契尼科夫带着奇怪的想法离开俄国。巴斯德的学生带着仪器四处寻找微生物。慌张的妇女写信求巴斯德挽救自己孩子的生命。

还有女人写信说他一定可以发现一种治疗白喉的药来救她们孩子的命。

巴斯德已经年老体衰了，不过鲁在叶桑的帮助下研究寻找消灭白喉的办法。虽然这不是科学，但他的目标是为了救病人。可有时候这样的想法会让他们走弯路，尽管如此，鲁还是得到了巨大的发现。

鲁和叶桑来到白喉肆虐的医院，他们看到了病菌。两人在肉汤里培养杆菌，并给动物注射这种肉汤。在这探究中，他们发现了莱夫勒没发现的一个证据。他们发现：注射了这种肉汤的兔子变得一瘸一拐，瘫痪了……

鲁认为这个对兔子造成伤害的杆菌一定是白喉的病原，而且兔子体内一定会有这种病菌。他用兔子尸体的内脏培养杆菌，但一个杆菌也没发现。那么，它们为什么会死去呢？

莱夫勒的预言出现在鲁的脑海中。他想一定是病菌产生了毒素使动物死去。

一时间，鲁屠杀豚鼠和兔子来证明白喉菌分泌出未知的毒素。他们开始进行很不科学的探索。尽管没有先例可循，但他们还是继续探索着。当然，实验没有证实鲁的想法。

鲁停止这种无意义的论证。他花了 4 天时间培养大玻璃瓶里的白喉菌肉汤，还安装了可以让液体流通的过滤器。他们一边防止液体溅到身上，一边用高气压把充满病菌的肉汤压过过滤器，然后把过滤好的装在小瓶里的液体放在实验台上。

鲁把他认为有毒素的液体熟练地注射进动物体内……

鲁变得凶残，每天进入实验室的时候，都期待着动物死去。

"毒素一定把它们杀了。"他说，但他只看到活蹦乱跳的动物。

不可能的！他们为过滤实验辛苦忙活——而这些动物却和原来一样，该干什么就干什么，毒素根本没有作用。他继续实验。他加大注射剂量，注射给更多动物。但毫无效果，没有毒素。

在正常人看来这不是已经证实肉汤里没有毒素了吗？但是，鲁像巴斯德一样疯狂。

科学研究家们对鲁的实验完全否定。将毒素过量地注射到动物身体里——就像将一桶同类液体注入一个普通人的身体。

但是，鲁通过这种办法反复实验，发现了白喉毒素。

不过，这个不科学的实验只会让人笑话。这根本就是天方夜谭！但是鲁还是选对了方法。后来，他明白了失败的原因是他培养时间太短。于是加长了培养时间，最后他总算培养出了这个可以让动物死去的毒素。他提取毒素的精华。

一盎司的精华能够害死众多动物的生命。

鲁把莱夫勒的预言变成现实。但是鲁只证明了白喉菌的发作，却无力制止它的泛滥。他无法像巴斯德一样。

3

在柏林，另一个埃米尔在已经是教授先生的科赫的实验所工作。科赫已经是教授了，受人尊敬。在当局的压力下，他强迫自己相信他发现了可以治疗结核病的药。

当局的施压，母亲们的哀求，最终科赫宣称发明了治疗结核病的药，也因此给自己带来了灾难。同时，他引导着学生的研究——埃米尔·奥古斯特·贝林也在这些学生之中。实验所里科赫的年轻助手们在激烈地讨论着。埃米尔则做着大胆的实验。

埃米尔·贝林在研究所工作。他本来是军医，现在已经30多岁了。贝林虽然喜欢文学，有着诗人的情怀，但更愿意坚持在实验室中工作。他有两个科学想法：一是血是生物体内最特别的；另一个是有不伤害人畜达到杀死微生物的化学品。

他说要找到治疗白喉的方法，同时用白喉杆菌给豚鼠注射，并且企图用其他化合物治疗豚鼠。他认为这些物质可以不伤害豚鼠而消灭白喉杆菌。但是事实是相反的……然而，他却不相信。失败也无法打击他的想法。后来在他研究中出现了三氯化碘。

他给感染了白喉的豚鼠注射三氯化碘，几天过去了，并没有效果。

但是一天早晨，贝林看见豚鼠活了下来，而没有注射三氯化碘的豚鼠早已死亡。

贝林治好了白喉。

他给更多豚鼠使用三氯化碘，这种治疗方法疗效并不稳定，也不安全。活着的豚鼠因此导致它们的皮肤溃烂，很是烦人。

虽然这样，但还是有豚鼠活着。我感到奇怪，他们治病的想法非常强烈，他们什么都敢做……对于三氯化碘的疗效，除了几只半死不活的豚鼠外，再无其他证据，而贝林竟想拿它给得病的婴孩试用。

他还说："我需要得到支持，让我用三氯化碘在患病小孩身上做实验……"

但还是有着几只治好了的豚鼠，贝林抓住了这点几乎是不可能的可能。他想着这些豚鼠是不是对白喉免疫了，并给它们注射了白喉杆菌。是的，它们的确对白喉免疫了！

现在，他不相信化学品了，但是他相信血液是神奇的。于是他从它们的颈部动脉抽出一部分血，并从血里提取出了黄色血清。

他把白喉杆菌与血清混在一起："这些血里一定有对白喉免疫的东西。"他是这样想的。他希望看到病毒死去。可他用显微镜观察时，只发现它们在不停地繁殖。他失望地把观察现象写下。但是让豚鼠免疫一定是血的原因。"那个法国人鲁证明了是它产生的毒素杀害了动物和儿童的，而这些被碘救活的豚鼠或许也能免疫毒素！"贝林这样认为。

他准备了没有微生物而含毒素的汤水，给活下来的豚鼠进行大量的注射。它们身上的伤口慢慢愈合，它们已经免疫了。这是在微生物狩猎中从未出现过的。巴斯德曾治疗了炭疽病，还因保护儿童被疯狗咬了而死去，但是现在贝林先让豚鼠得了白喉，后又用他那恐怖的办法让它们在几乎丧命的情况下对致命的毒素有了免疫力，这实在是难以让人们相信……

"我一定会在动物的血液里找到抵抗白喉的药物！"贝林说。

他必须取得这些豚鼠的血液，但是这些豚鼠因为他的折磨已经没有几只了，而且大都因为他的抽血已经找不到动脉了。我不知道，可怜的是那些半死不活的豚鼠还是贝林……不过他总算是有了几滴从治好的豚鼠身上得到的血清。他把有毒汤水和血清混在了一起，并给没有免疫的豚鼠注射，而它们没有死去。

贝林叫起来："血液是神奇的！"

于是，实验室里的人员都看着贝林的实验。他把白喉毒和非免疫的豚鼠血清混在一起，并把混合物注射给其他豚鼠。短短几天里，它们在可怜的咳声中死去了……

"只有对白喉免疫的动物血清才能治好白喉！"贝林大喊。他是个一心要找到治疗白喉方法的人，你可以听到他的自言自语："现在，我应该能够让大的动物也对白喉免疫，并从它们身上提取出抗毒血清，然后我要用这样的方法对白喉儿童实验……能够治疗豚鼠的，应该能治疗孩子！"

现在无论什么都不能使贝林停下。他用这些毒素给大的动物注射。他想用它们的身体来制造抗毒血清。他把它命名为"抗毒素"。他在错误的实验之后取得了成功。不久他就从动物身上得到了大量的血液。贝林说："这种抗毒素（尽管他不了解血清的成分）一定可以治疗白喉。"

他把少量的抗毒素注射给豚鼠，又给它们注射白喉毒。这些豚鼠还是活蹦乱跳，而没有注射抗毒素的豚鼠则死掉了。看到这些没有血清保护的动物死亡让贝林明白是血清保护了它们。这样的实验，贝林做了无数次。然而贝林这样做只是为了向科赫证明他实验室的免疫工作的发展程度。

不过贝林的成功还是有缺点的——血清的保护作用时间很短。豚鼠在注射血清后的几天可以抵御毒素，但时间一长，血清效果就减弱了。贝林自言自语："这可不实际，你不能到处给儿童每几个星期注射一次抗毒素。"他着急做出能让当局赞扬的事情的想法，让他偏离了原本预防白喉的想法，跑去追求治疗白喉……

"三氯化碘对豚鼠也是有害的——但是抗毒素血清能够不伤害它们……啊，如果这个血清可以治病就好了！"

他给豚鼠进行精确的白喉杆菌注射。等到它们濒临死亡时，贝林给其中半数的豚鼠注射抗毒素。这简直是奇迹，几乎所有豚鼠都活了下来，而未经注射血清的豚鼠全都死亡……血清确实可以治疗白喉！实验室里都是庆祝贝林成功的欢呼。在他准备为患病孩子进行首次试验时，贝林写下了关于这个实验的报告。"我们并没有治好动物的确实处方。"贝林写道，"我们记录的实验，并不是只有我的成功。"因为贝林同时也记录了他的失败，还有几近成功的冲击……

1891 年末，在柏林的一家医院里有着一些快要因为白喉死去的孩童。在圣诞节夜里，一个得了白喉的重病孩子接受了第一针抗毒素注射，他动了。

结果是令人惊讶的：有接受了血清注射的孩子死了。这样的情况，人们一片哗然。但是不久，德国的大化学工厂开始制造这些抗毒素。几年后，给 2 万名婴儿注射了抗毒素，消息四处传播，美国卫生部的官员毕格斯告诉派克医生：

白喉抗毒素是巨大的成功，期望立即生产。

曾经因为科赫的结核病注射而失去亲人的人，也因为他培养了贝林，而放下了他们的伤痛，原谅了科赫。

4

对血清，人们还是抱着怀疑态度。因为血清的治疗效果并不明显，还有儿童死去。

鲁回到了研究中。他成功地发现了可以治疗白喉的可行性方法——这些动物没有死亡，而且它们的血清还能提供大量的抗毒素。

鲁甚至比贝林更相信这种血清可以治疗白喉。但是他忘记了预防，而且这时刚好有白喉杆菌泛滥。在儿童医院，有 50% 甚至更多的患白喉病的孩子死亡。1894 年 2 月 1 日，鲁带着他研究出的神秘的血清走进了医院的白喉病房。

在都托路的研究所，瘫痪的巴斯德等着鲁的好消息，同样地，患病儿童的父母也在祝福着鲁的成功——他们已经听说了几乎可以拯救婴孩的医法——鲁仿佛可以看见他们向他求助……

他胸有成竹地准备好血清和注射器。他的助手马相和沙路急忙完成他的指示。鲁看看医生，又看看饱受病痛折磨的孩子……

鲁看看手中的注射器——他制造的血清真的可以治疗白喉吗？

"可以！"普通人埃米尔·鲁大声说。

"我不确定，用实验证明吧。"追求真理的埃米尔·鲁悄声道。

"可是要进行实验，就必须有半数儿童不可以注射血清，但我不能这样做。"善良的埃米尔·鲁说，患病孩子的父母都附和这位埃米尔·鲁的恳求。

"的确，这样的行为很无情。"研究家鲁说，"可是因为血清只治好过兔子，我并不知道它是否可以治好婴孩……而我只有将没有注射的死亡人数和注射过的死亡人数进行比较，才能知道血清是否是治疗白喉的灵药。"

"可若是实验结果证明它能够治病——那么你就要对因没有得到抗毒素而

死亡的儿童们负责!"

这完全是两难境地。追求真理的鲁,还可以反对感性的鲁,因为:"如果不对婴儿做实验,那么得出的结论会让世人误认为已经有了治疗白喉的方法,微生物猎人也会因为这样而停滞不前,但如果继续研究探寻,会有更多孩子可以生存……"

这的确是事实。但现实并非如此,恻隐之心让鲁放弃追求真理,可是谁又能责备他呢?他开始或许可以救命的注射。之后几个月里送到医院的病危儿童都得到了足量的抗毒素。感谢上帝,是血肉之人的鲁取得了成功,因为那年夏季,他在布达佩斯大会上宣布:"得到血清的儿童大都是快速地见效了,病房里是他们的欢笑。"

他在布达佩斯大会上向大家叙述这个神奇的血清,接受着医学家们的掌声……

可是即使血清很神奇,经鲁治疗过的婴儿中,每 100 个仍有 26 个死去……

但是在那个时代,在布达佩斯大会上,大家都崇拜鲁,倾倒在他的血清可以打败白喉的报告中。而且鲁还可以对批评者这样说:"在这种治疗办法之前,死亡人数至少有一半,现在不过是 100 人中只有 26 人死去。"

虽然我相信这个抗毒素,但 20 年后却说——白喉是一种奇怪的病。在很长的一段时间里,它让病患儿童死亡达到半数以上。但是之后发生的奇怪事情似乎让白喉变弱了,死亡率有 60% 的地方,现在只死去了 10 个。因为在那个时候,英国的一个医院里,在没有使用血清时,白喉死亡率下降到了 29%。

不过出席大会的医生并不在意这个数字,他们把这个好消息传播到各地,短短几年,抗毒素成为治疗白喉的主流,1000 个医生没有人否认抗毒素是特效药。他们也许是正确的。因为有证据说明得病第一天注射抗毒素的婴儿死亡率极小。但是如果耽误时间,死亡人数就多了……一个医生不给患病孩子注射抗毒素,那就是犯罪。要是我的孩子得白喉,我也会让医生给他注射,因为抗毒素有可能治好病。尽管它的疗效没有被完全证实,而且现在再去证实它已经太晚了,因为大家都已经相信抗毒素可以治好白喉病了,还有谁敢再去证实呢？

而相信抗毒素的这些人又在研究其他微生物了——我只能期望在白喉再度泛滥时，鲁的方法是对的。

而且就算白喉抗毒素并不是完全有效的，但是鲁和贝林的实验还是有益处的。事情是才发生的，报纸上也有宣传，不过不能记载在这本历史书中——但在派克医生的指导下有数不清的婴孩儿童成为制造抗毒素的工厂，只因为他们不会感染白喉。在他们皮下注射微量剧毒——但是这些剧毒在奇妙的变化下，已经变得对婴孩无害了！

只要是父母相信，让孩子注射三次，白喉将无法成为杀害孩子的凶手。

对此，我们应该感谢莱夫勒、埃米尔·鲁和贝林他们做出的那些不科学的实验。

第七章　梅契尼科夫——微妙的吞噬细胞

1

狩猎微生物可以说是一件不可思议的事情。微生物狩猎是一个愚蠢、荒唐又可笑的故事，更是一段历史。梅契尼科夫算得上是这门科学的鼻祖。梅契尼科夫不像一个稳重的研究家，他更像陀思妥耶夫斯基小说里的某个人物。伊利亚·梅契尼科夫出生在俄国，是一个犹太人。在他10多岁的时候就说自己非常有才能，立志要当一个特别的研究家。他在哈尔科夫大学读书的时候，曾经借来显微镜观看后就写了一篇科学论文，但他还不了解科学是什么。他经常逃课去阅读学术著作，跟朋友谈论无神论。直到学期结束前几天，他把荒废数月的学业全都背下，还在期末考试中考了第一，并且得到了奖章。

梅契尼科夫总会高估自己，还没到20岁，就向科学刊物投了一篇没有科学依据的文章。在编者拒绝他的发现时，他准备自杀。

他对生物的强烈兴趣，让他忘记了自杀的想法，他常常同老师辩论，让他失去科学实践的机会。最后，他告诉母亲："我对生物十分感兴趣……可是俄国没有。"他匆匆赶赴维尔茨堡大学，他认识了当地俄国留学生，他们对他的无视让他厌倦生活。他返回俄国，又想到了自杀，但是在他阅读了《物种起源》后，进化论成为他的信仰，直到他建立了自己的科学宗教。

他把自杀忘记了，他计划着进化实践，甚至他睁着眼睛都能看见种种幻象……

这一转变是梅契尼科夫科学研究生涯的开始，因为他开始四处寻找、争论、宣传他的想法。他研究动物的进化，企图从中找到进化真相——他得不到想要的结论，便把实验放弃。列文虎克和科赫能够成功是因为他们会向自然虚心请教，而梅契尼科夫只会以粗糙的实验把自己的想法强加于自然。神奇的是，他居然是对的，而且这个对的观点关系重大。他执迷于证实适者生存的观点令他发现人类是怎样抵抗病毒的理论。

梅契尼科夫前半生都在没有依据地胡乱地摸索。23 岁的时候，他与患了肺病的勒德米拉·弗奥陀罗维奇结婚，他一边照顾妻子，一边做着动物的发育实验。

妻子最后死了。梅契尼科夫也染上了吸毒的恶习，这时他的眼睛剧痛。

他想到了自杀，先是服用了过量吗啡，没有成功；又企图得肺炎死亡。但是最后他还是没有自杀，他继续适者生存论的实验。

梅契尼科夫虽然难过，但是不久就成为敖德萨大学的教授，因为博学而备受尊重，在勒德米拉死后不久，他认识了家中富有又年轻的奥尔加，又过了一段时间，两人结婚了。

结婚以后，梅契尼科夫的生活变得宁静，开始钻研实验。他把他的宗教应用到生活中，还教给奥尔加。

2

正是巴斯德和科赫的发现让大家对微生物感到神奇的时候，梅契尼科夫从自然学家变成一个微生物猎人。他带着奥尔加和她的弟弟妹妹来到西西里岛安家，建立了一个自己的业余实验室。他感到微生物是科学上重要的存在，他希望通过微生物获得巨大成就——因为没有见过细菌，更不了解微生物，他只能做着与科赫、巴斯德伟大研究差距巨大的无用功……

后来他开始探索海绵和海星是怎样消化食物的。

很久以前，他就已经研究出了这种奇怪的细胞。这种细胞是这些动物身体的一部分，它们自己形成一部分躯体，然后通过这个躯体自由活动。像变形虫一样的细胞就是游走细胞。

尽管梅契尼科夫的手十分笨拙，但还是把洋红色的细颗粒放到了海星体内。这完全是他的独特创新，因为他通过海星透明的幼体观察那些自由流动的细胞吞噬了洋红色的细颗粒。梅契尼科夫尽管认为自己是在研究海星的消化，但是新的奇怪的念头已经在脑海中浮现……

第二天，梅契尼科夫一个人坐在实验室里望着放海星的缸。突然灵光一闪，让梅契尼科夫的整个研究生涯都改变了。

"海星幼体内的游走细胞吃掉食物，同样地，它也能吃掉微生物！是这种游走细胞保护了海星！人类血液中的白细胞就是这样的游走细胞，它保护着人类不受病菌侵犯！"

这种发现没有证据，没有研究，但梅契尼科夫已经从研究海星的消化方式变成了研究人类疾病……

"我似乎成为病理学家。"他写在了日记里，"……我甚至因为这个不可思议的想法在房里激动地来回踱步，还到海边醒神。"他并不在乎自己其实对细菌一无所知。

"如果我是对的，那拿一个木片刺入海星体内，也会有游走细胞把它包围……"他想到了人们的手被刺戳伤时的情景。他拿了一些玫瑰刺戳进了海星体内……

第二天天刚亮他就起床去观察海星，果然，海星体内的玫瑰刺被一堆游走细胞包围。他认定自己已经能够解释对疾病免疫的原因。当天下午他向正在墨西拿的名教授们解释他的卓见。他的口才让维尔荷博士也信服了！

梅契尼科夫已经成为一个微生物猎人！

3

他的妻子和妻子的弟妹跟随着梅契尼科夫来到了维也纳。他宣称人类能够抵御病菌，是因为人们身体里的游走细胞吞下了病菌。他来到一个动物学家朋友克劳斯的实验室——

"如果你的理论在我的刊物上发表的话，是我的荣幸。"克劳斯说。

"但是我要给这种细胞起一个希腊文名字。"梅契尼科夫说。

克劳斯和同事们查阅了词典后告诉他用"phagocytes"这个词来命名这个

细胞。

梅契尼科夫感谢他们找到"吞噬细胞"这个名词，并把这个名词看成一种宗教、一个谋生的手段——而且这个名词的确成为我们探索免疫的起点。从此以后，他四处进行宣传，进行研究，他甚至荒诞地认为：是它们引起了法德间的矛盾，间接促成了第一次世界大战。

他在敖德萨进行了科学演讲——论生物的自愈力量——尽管他本人并没有看到过，但是他的演讲还是很成功——这个奇谈让他们深信不疑……

不过梅契尼科夫也知道自己要有确实的证据。不久，他从水蚤身上发现了它，他开始有耐心地进行研究。这本历史书向我们说明了微生物猎人们总是有心种花花不开，无心插柳柳成荫——梅契尼科夫无疑是幸运的，在观察水蚤的日常生活的短短时间中，他通过显微镜观察到了真有游走细胞吞噬了一种恶性微生物。他看着这些吞噬细胞把这些有害微生物吞噬、消灭……

频繁出现的现象完善了他的理论——如果吞噬细胞不把有害的酵母吃掉，那么这些有害酵母就会大量繁殖，让水蚤中毒死亡。

梅契尼科夫发现了一些前人未曾发现过的事情：一些生物可以杀害入侵它们的微生物来达到保护自己的目的。真实的观察让梅契尼科夫没有更多的证据就确信自己的理论是正确的，他没有深入研究就写下了学术性论文：

"水蚤因为吞噬细胞得到了免疫力，是自然免疫的一种……"

4

在 1886 年，巴斯德救下了 16 名被疯狗咬伤的人。敖德萨的公民捐款为巴斯德兴建了一个实验所。梅契尼科夫成了实验所的科学主任——因为曾在欧洲进行过研究，还做过有关血液里的吞噬细胞的演讲。

人们在说："梅契尼科夫也许能在新实验所里让这些吞噬细胞吃掉所有微生物。"

梅契尼科夫同意了，不过他聪明地向当局表示自己是个理论家，研究工作很忙，需要别的人员来做实际工作。

当时的敖德萨没人知道有关微生物捕猎的事情，因此，伽马累亚博士被派去巴黎进行学习，但是还没学到家的他就回国着手进行疫苗制造。"现在一切顺利了！"梅契尼科夫开始继续他的理论研究。科学论文源源不断地写出，欧洲研究家感叹他的发现。但是他发现大的动物和水蚤不一样……

伽马累亚和同事有了分歧，实验所里出现了问题。医生们出于嫉妒心理到实验室提出刁钻的问题，人们也开始质疑梅契尼科夫。

人民要求预防。梅契尼科夫暂时停止了研究，并想方设法地让他们满意，但情况却愈加糟糕，报上出现了他在散播死亡的负面消息……

他请了长假，去寻找一个安静的地方研究工作。去巴斯德实验所，向巴斯德谈论他的吞噬细胞理论……巴斯德看着他说："梅契尼科夫教授，我有过类似的感触，我相信你是正确的。"

虽然巴斯德的话和他的理论毫无干系，可梅契尼科夫还是十分兴奋。他期望能够留在巴斯德的实验室工作。巴斯德同意了他的恳求。但他又在犹豫是否回去工作时，突然发生的事情让他留了下来。

伽马累亚告诉他数千头羊因为炭疽疫苗死亡。

数月后，他们在巴斯德实验所安身。从此他们在错误的道路上越走越远。

5

梅契尼科夫进入了巴斯德的实验所。他察觉自己小有名气。他的免疫理论不如称之为传奇，这个理论让欧洲的研究者一片哗然。但是德国和奥地利的微生物猎人在会议和实验上反对梅契尼科夫的理论，甚至还有人每年都在重要的科学刊物上驳斥这个理论。一时间，梅契尼科夫受到了打击，想到了死亡，不过他又很快恢复过来，继续为他的理论战斗。尽管这争论很是无聊，但是它奠定了微生物免疫的基础。

"我证明了是血让动物对微生物免疫的。"埃米尔·贝林说。证明血的重要性的科学论文太多了。

"是吞噬细胞吃掉了细菌。"梅契尼科夫十分愤怒。他用疫苗免疫过的羊血证明炭疽杆菌能在其中繁殖。

约有20年之久，双方都不肯让步，无法冷静地想——也许是两者的结合保护了我们不受病菌伤害——也想不到：人类可以抵抗疾病可能与两者都没有关系。但他们都不冷静——还可笑地想要杜撰说明来证明为何免疫！可惜梅契尼科夫没有耐心，他不去追求真理。

在巴斯德和病菌战斗的日子里，只有几个助手协助，对于来访者的态度极差。梅契尼科夫良好的态度、生动的言语则给人留下了极好的印象。

他总能把奇特的设想付诸实验，而且在任何时候他都可以停止工作去干其他的事情。他对任何人都很和善、友好。

梅契尼科夫的工作室奇特而有趣，让络绎不绝的年轻医生们来到他的门下，有什么奇怪呢！他们崇尚这个有着奇特设想又是催眠者的研究家。

对于各种奇妙的试验，他自己是没有耐心的，时常叫其他人去做。倘若大家都没空，他还会让妻子来做。在这里，大家都是同一个思想——要写出一部关于血液里的游走细胞同细菌大战，保卫我们的故事。

每次医学大会召开前，梅契尼科夫的实验室总是一片忙乱，他叫喊："我们要尽快做好支持吞噬细胞免疫论的实验。"为此，他的助手睡眠时间减少了两小时。"我要多做可以支持我的理论的实验。"他时常说。

6

当你想起他总能让一些杜撰的关于自然的故事在实验中变成事实，你不得不感叹。1891 年，伦敦举行医学家大会时，梅契尼科夫进行实验，用来证明他的吞噬细胞理论。

"他把豚鼠体内的一些游走细胞取出来，没多久，吞噬细胞死亡了，被它们吞下的微生物则还活着。"

梅契尼科夫用这样的实验让对手相信：吞噬细胞是可以吞下有毒微生物的。梅契尼科夫牺牲了生命，因为他只是为了维护观念而做实验，从不揭示其中的真理。尽管他的实验是很吸引人的，但十分做作——因为远离了本质。

实验室的工作人员对他十分服从，甚至愿意服下霍乱杆菌。这些年来，他把生命当作玩物，他自己也和其他人同样冒着生命危险，甚至他吞下的霍乱杆菌比其他人都多。在这种情况下，助手朱彼勒护患病了，梅契尼科夫十分后悔，还想要自杀，不过，因为妻子而没有成功。在奇怪的实验结束后，他抽出幸存者的血液，发现血中并没有霍乱病菌。他写道："霍乱的例子告诉我们，疾病的治愈并不能用血液的防护性解释。"

在他成功中途，朱尔·波尔德来到实验室工作。正在吞噬细胞口号响亮时，他研究了血如何杀害细菌的谜题，奠定了确认血迹是不是人血的实验基础。也是因为他在这里的一项工作在几年后导致了著名的梅毒血液实验——沃塞曼反应。梅契尼科夫常因为波尔德的血液研究发脾气，但又以有他为傲，每当波尔德发现血液中含有可能帮助人对微生物免疫的东西时，梅契尼科夫就用这样的方式来解释杀害微生物的东西最终还是来自吞噬细胞。一段时间后，波尔德从实验室离开了……

19世纪末，微生物狩猎成为正规专业，有年轻医生参加——而这段时间，梅契尼科夫同与他观点对立的人们的关系缓和了不少。他得到了奖励，甚至在他走过会场时，德国人也对他表示敬意。更多的研究者观察到了吞噬细胞的行为——虽然无法解释为什么有人因为肺炎杆菌死亡，有人只是出汗就治愈了。虽然说梅契尼科夫有不少的缺点，但他确实发现了一个可能给人类带来快乐的事实。因为在未来的某一天可能会出现一个像波尔德一样的人可以解开吞噬细胞时而能吞噬病菌，时而不能的谜题，甚至可以引导吞噬细胞对病菌死缠烂打……

7

梅契尼科夫变得高兴。因为一部分对手诚服了，而另一部分对手则是放弃了争论，大概是觉得没有意义。在20世纪初，梅契尼科夫写了一部大作，谈论他发现的有关人类免疫的原因。他把事实加以改造，写得十分生动，用来证明他的观点。

荣誉让他觉得活着真有趣。而在20年前，他憎恨人生，还对妻子说不应该有意识地传宗接代。现如今享受到活着的乐趣的他开始期望长生。如何长生呢？只有靠科学！

他写道："疾病不过只是插曲，单靠治疗是不行的，要弄清楚人类为什么衰老和死亡。"于是，梅契尼科夫开始研究，期望避免这个命运。他还给它们赋予了动听的名字："老年学"和"死亡学"。尽管他的想法是乐观的，但是观察却是错误的。可是偏偏预防微生物疾病之一的方法确实是由这个把死亡看作是魔鬼的梅契尼科夫发现的。他偶然读到了关于两个老太太的故事，在他看来这昭示了人是有求死本能的，他需要做的是找出能让人在健康中活到想要死亡的方法。他四处寻找这样的老太太，但是在他访问的老太太中，每个人都想继续活下去。

他研究动物老年时期。他还发表了关于衰老的鹦鹉活到 79 岁的论文。科学家埃德格林对动脉硬化深有研究——他认为老年和饮酒、梅毒等疾病是动脉硬化的原因。

梅契尼科夫决心探索梅毒是如何造成动脉硬化的。尽管两人的出发点不同，但是两人决定共同支配两笔奖金，加上要来的 3 万法郎，用来研究梅毒。

他们用钱买了猩猩。

两人几乎同时有了重要的发现。他们用感染了梅毒的人给一只猩猩接种，第一次就获得了成功。之后，他们辛苦工作了几年，在猩猩体内寻找潜入的微生物，但是什么也没有发现。在梅契尼科夫给猩猩接种毒素时，它们攻击他——于是梅契尼科夫进行了一个大胆又聪明的实验。他把梅毒种进猩猩的耳朵，并在一天后切下这只耳朵，神奇的是这只猩猩体内没有显现出这种病毒的征候……

梅契尼科夫说："实验说明了病菌并不是马上入侵整个人体的，只要我们知道病毒是从哪里进入人体，也许就能在病毒扩大前把它消灭。"在鲁的帮助下，梅契尼科夫总算完成了一个切合实际的实验。他发明了现在可以让海陆军人免受梅毒感染的甘汞油膏。他用动物证明了这种油膏是有效的。

接着，梅契尼科夫的疯狂最后一次发作。他诱使麦申诺夫自愿感染梅毒。这种感染比自然染上疾病更为严重……梅契尼科夫在麦申诺夫的伤处涂上甘汞油膏，而不给接种过的猩猩涂搽。他成功了，因为麦申诺夫没有患上梅毒，而猩猩在几十天后得了梅毒。尽管有很多医生对这些实验大为反感，但是梅契尼科夫认为阻碍使用已有的可以战胜这种疫病的可行办法才是不道德的。

8

"自动中毒是因为大肠中的腐败杆菌动脉硬化的结果，造成了我们的衰老。"他大声说。他设计证明身体是否中毒的实验。他说："没有大肠的我们会更长寿。"不过他倒没有让大家割掉大肠。

他的理论完全不可理喻，招来了人们的嘲笑，还有人写信提醒他。但是他还是发表进化中动物保留了大肠的言论——他突然想到了治疗办法。据说在保加利亚的一些乡村，老人靠吃酸牛奶生活。他让实验室的人研究这种微生物——没过多久，保加利亚杆菌成了一种药物。

梅契尼科夫带头喝酸牛奶，吃保加利亚杆菌，还写了书。一时间，保加利亚杆菌畅销，资本家把他的名字当作商标，然后通过卖这种杆菌赚得钱财。在之后的很长时间，梅契尼科夫遵守这个理论的字字句句，认真地生活，喝了许多酸牛奶，吞下了许多保加利亚杆菌，最终活到了71岁。

第八章　西奥博尔德·史密斯——扁虱与得克萨斯牛瘟

1

西奥博尔德·史密斯让人类进入了一个新领域。对于美国来说是起到开天辟地的首领作用。他以最平常的道理摸索前人到过的领域，然后就得到不可思议的发现。现在我们就讲述史密斯发现了什么。

巴斯德预言："所有寄生虫疾病都将被去除！"即使他与蚕病作战瘫痪了却仍被人们歌颂。他下这样的诺言是信心十足的，让人们认为可以消除疫疠的时候可能就不远了。人们高兴地期望着，巴斯德发明的疫苗很奇妙，但这并不能完完全全地消灭微生物病毒。总的来说，微生物病菌的危险令人恐惧不已，但是人们相信巴斯德的预言，微生物猎人们也在坚持不懈地与之抗战。人们在等待着，期待着。

1893 年，有一个叫西奥博尔德·史密斯的年轻人写下一份报告解说了为什么北方的牛到南方会患得克萨斯牛瘟而死，以及为什么南方的牛到北方后北方健康的牛会奇怪地死亡的谜局。这个报告言辞简单不夸张，却给予浮躁的戴维·布鲁斯新的想法；帕特里克·曼森新的提示让聪明的意大利人格拉西思绪蓬勃不已；让美国人沃尔特·里德情愿以身殉职也拒不接受额外报酬；而军官和士兵，对他的探索更是充满信心。

这个西奥博尔德·史密斯会是怎样的一个人呢？为什么能够引领微生物猎

人的新路线？会不会开始实现巴斯德的承诺？

2

1884 年，满 20 岁的西奥博尔德·史密斯，是康奈尔大学的哲学学士以及奥尔巴尼医学院的医学博士。他不喜欢去诊断那些他没有多大把握的疾病，然后尽力了却没有成功，最后只能给予同情——他不喜欢这种糊里糊涂没有逻辑的事情。他向往追求自由的自然秘密，至少那样心情是舒畅的。也就是说，他是个想要做科学工作的医生。他特别想安静地做微生物研究。也许就在大学时，他通过课外研究发现了微生物。

后来，他换了一所学校，可是那学校里的人对细菌都没有兴趣，但是他没有放弃，继续研究，于是发表了一篇论文，从此登上了科学研究的舞台。

再后来，西奥博尔德结束了大学生活，和大多数同学相反，他只找到一份仅能糊口的工作，但他依旧继续着科学研究。

在政府大厦屋顶下，依靠一个天窗照亮的一个小房间里，史密斯着手搜捕微生物。这是他的本分！他自然是用尽全力，他好像一出生就手拿注射器，口衔白金丝。虽然不过是大学毕业生，他却能够熟练地阅读德文，夜里熟读罗伯特·科赫的勇敢的工作记述；他像一只小鸭走向池塘，开始模仿科赫的巧妙办法，看护和伏击恶毒的杆菌以及那些奇怪的游来游去的像活的开瓶塞家伙的螺旋菌……"我的所有都是罗伯特·科赫所赐！"他说。在白天，他做着自己分内的事；晚上就认真钻研罗伯特·科赫的著作。

经过夜以继日的自学，在科赫的指导下，他有了新发明———种新的安全疫苗。

3

做科学研究需要自由。可他没有，他需要面对同事的差使，就在大家期待他有所作为时，得克萨斯牛瘟发生了。

南北双方的牛被拉到对方的地盘去，然后都在 30 天前后开始死亡。

于是，人们开始慌乱，急着找病因和治疗方法。

在西部有人说这是由一种昆虫引起的疾病，可是经过对牛尸的解剖，否定了这一说法。各种猜测在漫天传播。

4

1888 年，西奥博尔德和他的同事专注于研究得克萨斯牛瘟，在死牛的脾上他发现了许多微生物。

可是，存在微生物的脾已变质，而未变质的脾上则没有，因此，史密斯决定从牛开始为得克萨斯牛瘟收集资料。

史密斯认为农民的智慧是从经验得来的，可以从此下手。于是，他细听"扁虱理论"的任何消息。从基尔本那里得知，尽管遭到否认，西部的牧牛人依旧认为是扁虱引起得克萨斯牛瘟。

史密斯的同事都升迁了，而他决定继续对得克萨斯牛瘟进行研究，像农民一样关注着。

5

史密斯和基尔本把从牛瘟最肆虐的地方运来的身上有扁虱的北方牛放在 1 号地里，再把几头全身是扁虱的南方牛和几头健康的北方牛放在 2 号地里。

另外，史密斯和基尔本在阳光下用手把北方牛身上的扁虱捉干净，和几头健康的牛放在 3 号地里进行观察。

经过两个多月的观察，史密斯和另一个昆虫专家了解了扁虱的一切。

后来，有一天 3 号地的北方牛身上长了扁虱，然后没有几天，它就出现了得克萨斯牛瘟迹象。而 1 号地的牛出现了更严重的迹象：一头接一头地死去。

史密斯立刻对死去的牛进行解剖研究，发现牛尸内的血细胞都是破裂的。而健康牛体内的血细胞则是完好的。那几头身上没有扁虱的牛越长越肥，而身上只要长了扁虱的牛在半个月左右就会死掉。为了提高实验的准确度，他把扁虱放在健康的牛身上，果然没出半个月，牛就得了得克萨斯牛瘟。

6

通过无数次实验，他成为第一个发现细小的昆虫能把病从一个动物传染给另一个动物，而扁虱是得克萨斯牛瘟的罪魁祸首。可是史密斯并没有急着昭告天下，而是秉持着科学的严谨性，耐心地等待着来年的夏天，届时再一次证明实验是对的。

史密斯一直还在考虑着扁虱另外的传播方式，于是，他把扁虱混在干草里，做成汤给牛吃，可是牛却没有犯病，从而再次证明得克萨斯牛瘟只能通过扁虱的活动才能传染。可是为什么牛瘟会在一个月左右发病？这又成了一个新的问题。

这个问题解决于1890年夏天。他一面从北方牛身上抓扁虱进行研究，一面对在玻璃碟子中孵化的扁虱进行研究。渐渐地，史密斯的思想游离于得克萨斯牛瘟之外了。

可是他觉得还会有另外的原因，于是，他把扁虱蛋放在健康的几只小肥牛身上，又另外把老扁虱放在其他小肥牛身上。一段日子过后，放老扁虱的牛得了得克萨斯牛瘟又好了，而放扁虱蛋的牛就渐渐地都死了。一瞬间，史密斯知道了，害得牛得牛瘟的不是老扁虱，而是被带进南方的扁虱蛋。

为了避免反对的声音出现，史密斯和基尔本又进行场地交换研究。

经过短暂而漫长的研究，史密斯在1893年发表了《对得克萨斯牛瘟或南方牛瘟的性质、原因、预防的调查研究》，解开了困惑人们许久的得克萨斯牛瘟之谜。

7

史密斯发现这一因素后就立刻做了一个研究报告，然后牧牛人对扁虱进行清除，从此得克萨斯牛瘟就从世界上消失了。而且更多的瘟疫从此得到启发——昆虫可以传染瘟疫，于是世界各地的瘟疫都得到了改善。

如今，人们已不再怕瘟疫了，因为人们会像史密斯一样对危害人们健康的病害进行研究，治愈。未来的世界会更美好。

第九章　布鲁斯——舌蝇的踪迹

1

"小伙子!"——不列颠军医总监怒发冲冠,脸色由红变成紫。——"小伙子,我掌握着你的命运,我想让你去哪儿就去哪儿,但是我哪儿也不让你去,就让你待在我的身边。"他怒吼着。

戴维·布鲁斯没有办法,只能转身,为了研究南非的微生物,他求尽了可以求的人。因为 1885 年,美国的西奥博尔德·史密斯对扁虱展开研究,使微生物进入人们的视线。而他就想成为像史密斯那样的人。对那个充满了未知微生物的非洲进行研究,去捕捉大自然的秘密。

戴维·布鲁斯从小就叛逆。他刚大学毕业就为了结婚进了军医处。因为亲人希望他能先成家再立业,而不是先立业后成家。于是布鲁斯就领着刚刚好的工资,娶了个老婆。

布鲁斯不是标准的军人,他不懂人情世故,经常和上级对着干。

即使老了他也不会改变年轻时的作风,对于后果他总是全然不顾。后来他被派到地中海马耳他岛上,补上了和老婆的蜜月。在岛上,他过着悠闲的日子,却也认真地对马耳他热病进行研究治疗。

他建了个实验室,用来培植马耳他热病菌。而妻子做他的实验助手,他们买了一只猴子作为研究对象,再用洋菜和牛肉汤培植病菌。就这样,他妻子一直陪伴在他身边,不论艰辛与困苦、荣耀与欢乐。于是他们夫妻俩一起经过最初的跌跌撞撞,最终得到了理想的回报——马耳他热病菌的微生物。但并不是所有人都能理解他，他的上级就在骂他："每天不给病人看病，在实验室里弄什么东西？"并把他调到了埃及，可他并没有就此放弃，因此在 20 年后他获得了成功——马耳他热病的破解。

2

许久以后，他又回到了英国，开始到学校任教。他凭借发现马耳他热病菌的经验，教学生怎么发现微生物。在学校他看见了纳塔尔和祖鲁兰总督沃尔物·希利哈钦森爵士大人。他们是两位有共同的理想，订下了共同计划的探险家。尽管爵士大人对微生物并不了解，但他支持布鲁斯进行研究，他知道昆虫会传染疾病，危害人的健康。而布鲁斯的研究能改变这一情况。于是，布鲁斯和妻子就又去了偏僻的地方进行科学研究。

此时，他因为越级报告，遭到了一顿呵斥。不过不久，他的上级也就忘了，而布鲁斯也开始了地下工作。1894 年，他们夫妻二人终于要到纳塔尔工作了。他们的交通工具是一辆牛车。在闷热的天气下，舌蝇的追随中，他们以最快的速度前进。但他们也在期待着，因为他们是到祖鲁兰的第一个不列颠纳加纳调查队。

这次他们夫妻二人的目的是去调查一种叫纳加纳的病。这种病让当地的牛丧失了健康的体魄，渐渐消瘦，没有精神、脱毛、失明，最终死去。本来农民是想改善牛种，可是健康的牛一到那里就会因纳加纳病而死。于是人们又开始用马、骡子驮运东西，可是在经过密林后，它们也死了，只剩人们走回去。

布鲁斯夫妇最终到了乌蓬波，他们马上建了一个实验室，把牛放养在远离纳加纳的草地上，并从马身上收集了血液放在玻璃器皿中，以便进行研究。

实验室的环境非常恶劣，但他们夫妻二人苦中作乐，很享受这样的生活。

不久，他们就有了回报——在得病的牛血里发现了一种比微生物稍大的动物——像鱼一样能游来游去的生物。这种生物在牛的血液里穿来穿去，破坏着血液的内部结构。

经过仔细的观察和思考，布鲁斯判断这是"锥体虫"。他和妻子又赶快提取所有得了纳加纳病的动物的血液，发现都是由于锥体虫这种微生物使动物的血液变成了硬块，然后死去。

但是，这些锥体虫又是怎么传播的呢？布鲁斯琢磨着。

在他开始想做新实验时，他的上级又把他调到了彼得马里茨堡去治疗伤寒。

3

于是布鲁斯夫妻二人在还没有完成纳加纳病的研究下，又坐着他们的牛车向彼得马里茨堡进发。照例，他们一到就马上搭起了实验室，希望能找到伤寒的原因。可是因为环境太过恶劣，布鲁斯染上了伤寒，差点丧命。他还没有复原，又被派去参加一场战争的救援。这样他们能继续研究纳加纳病的可能性越来越小了。而在那场战争救援中，布鲁斯九死一生。就这样，纳加纳病的研究搁置了一年。然而却不能怪谁，因为这是他天生的脾气所致，权力压迫。所以布鲁斯当不了主管，他只知道埋头苦干，像西奥博尔德·史密斯一样，为了得出结论，无数次地进行实验。他也想学习民间流传的猜测，他认为那是农民积累了许久的经验，所以他只需要换一种方式去证明这个猜测是对的。

"是舌蝇导致的纳加纳病。"一些人这么认为，也有人说："纳加纳是野兽造成的。""但如果是舌蝇引起的，为什么有些马经过却没有得病？还有，为什么不叫舌蝇病，而叫纳加纳病呢？"有人反问道。

后来，祖鲁人给布鲁斯提了个建议：在经过有舌蝇的地方，不给动物进食，看看动物会不会得病。于是布鲁斯就开始着手去实践这一提议。他领着很健康的马在大中午的时候进入舌蝇众多的地方，给马的嘴套上一层袋子，不让马有机会吃到舌蝇。但是有许多舌蝇叮在马的身上，吸食马的血液。许多年后，布鲁斯谈起那时的舌蝇，还是忍不住惊叹其数量之多。后来祖鲁人也加入了实验的行列，他们每天都带着马去山上。

经过20多天的观察，布鲁斯夫妇惊喜地发现在那些每天被拉到山上没有进食，但被舌蝇叮咬的马的血液里开始出现锥体虫了，并且这些马都死于纳加纳病。

布鲁斯很高兴得到这个实验结果，但又发现这并不能证明什么。"因为即使那些马没有吃到舌蝇，也有可能是从空气中吸进去的。"曾经有医学界的人这样说过。但是布鲁斯认为这是错的，可是在他不能用实验证明这种观点是错的时就不能说它是错的。突然，他灵光一闪，决定要对舌蝇进行一番研究。

于是他照样牵着马到山上去，但是这次他是要捕捉停在马身上的舌蝇，他拿一种纱布把舌蝇捉住然后放进一个特制的笼子里进行观察。30天不到，那匹马即使不吃不喝，也没有呼吸山上的空气，也得了纳加纳病，最后死了。

他们夫妻二人解剖了一匹死马，还想让另一匹得了病的叫"独角兽"的马能活下去，他们喂马喝了许多热牛奶，并把一只病狗放在了有许多舌蝇的笼子里。他们想看看一只舌蝇到底有多少锥体虫。最后，狗死了。由此证明传播纳加纳病的就是舌蝇。

布鲁斯不想只坐在实验室里，他想舌蝇经不起锥体虫几个月的传染，那马身上的锥体虫又是怎么来的呢？一定是从野兽身上获得的。他一定要弄清楚这是怎么回事。于是，他又回到山上，拿上猎枪想捕捉野兽。在山上，他遇到了野兽，他想尽办法，把从10多只动物身上取得的血液用针管注射到野兽身上。就此布鲁斯走出了开发非洲的第一步。

4

希利哈钦森赞同戴维·布鲁斯的做法。于是，他叫人们对舌蝇进行彻底的清除。而非洲的纳加纳病也就此消失了。

后来因为布尔战争，他们夫妻二人被困在了莱迪史密斯。由于受伤的人越来越多，又缺乏医生，布鲁斯只好作为医护人员被迫上阵。此时，他把伤员当作平时解剖的动物进行手术。而就因为他，有好多人从死亡中活了过来。1924年，躺在病床上的他再次回忆起这件事时，眼神里依旧充满了自豪。

5

在莱迪史密斯战役之后，布鲁斯的上级不再质疑他的能力，并邀请他去进行微生物研究。因为当时在尼安萨出现了一种奇怪的病——非洲的昏睡病。

短短几年，这病就让这个曾经安乐繁荣的村子变得死气沉沉，数以万计的人和动物死去。而当地的科研人员和医护人员也都不知道是怎么回事。这病就成了一个不解之谜。

于是就有一个调查团被调到了这里，对昏睡病进行研究。

他们在黑人的血液里发现了一种未知的微生物，有人认为这就是昏睡病的病原，但卡斯特尼拉认为病原是另外一种链球菌。

尽管那只是一种猜想，卡斯特尼拉仍然很努力地去做实验，想证明这个猜想是对的。而幸运的是，他遇上了布鲁斯，一个和他一样喜欢实验、发现过微生物的人。

于是他们一起做实验，在得病黑人的血液中发现了锥体虫。而这都是因为卡斯特尼拉的猜想，否则就不会这么快地发现锥体虫。

就在这时昏睡病开始大面积地扩散，因此布鲁斯被派往非洲进行研究，同行的还有纳巴罗和他的助理妻子。

他们到达乌干达时，是卡斯特尼拉接待的。卡斯特尼拉立即把自己的猜想告诉了布鲁斯，而布鲁斯一行人也立刻对这一实验进行验证，把黑人的血液放在显微镜下观察，结果真的看到了锥体虫。

"也许健康人也有呢！"布鲁斯说，于是布鲁斯到医院去提取没有得昏睡病的人的血液。经过在显微镜下的观察，那些没有得昏睡病的人的血液中没有发现锥体虫。这一发现令布鲁斯很高兴，可新的疑惑又出来了，那些锥体虫是怎样进入到人体内的呢？这昏睡病到底是怎么回事呢？

这就是布鲁斯的可敬之处，在他发现锥体虫是病因的时候，就立刻把它和纳加纳病联系了起来。于是他马上和妻子思考周边环境的影响，仔细地观察四周的可疑之处，任何一处昏睡病出现过的地方，他们都去做了探访。发现传播昏睡病锥体虫的不是舌蝇，而是一种没见过的新的舌蝇。

于是布鲁斯开始查找任何有关乌干达那里舌蝇的信息，可是并没有找到有用的资料。但布鲁斯不相信，他觉得一定会有关于这个新舌蝇的蛛丝马迹。终于，在他们夫妻逛动物园时，妻子发现了两只舌蝇。

6

实验室的工作是辛苦的，布鲁斯找到了合适的实验动物——猴子，并给它注射了死定了的黑人的脊髓，让它陷入醋睡。现在他们带着扑蝴蝶的网，还有祖鲁兰发明的笼子去抓舌蝇。他们虽然想方设法让自己不被叮咬，但还是被咬了。不过，他们还是抓到了舌蝇放到了笼子里，在回到实验室后，他们把笼子放在猴子背上。因为猎人的大胆而好奇的心思，让布鲁斯有了奇特的发现。如果他只是光听不做——那他永远不会发现舌蝇。但他是勇敢的，而且他的妻子给了他极大的帮助。

现在他们开始进行实验。他们日复一日地让舌蝇叮咬快要死亡的病人，在它们吃到一半时把它们装回笼子中，并把装有这些吃得半饱的舌蝇的笼子放在猴子背上。他们十分小心地盯着实验，不允许有外边的蝇进来分享。

他请来奇怪的人们帮助他进行一项微生物捕猎中最为离奇的实验。布鲁斯告诉这里的统治者阿波罗，已经找到了让人们死亡的昏睡病的微生物。他说这些微生物早已寄生在人的血液中，死亡是不可避免的，"但是，有办法控制你们国家面临的现状。造成现在这种状况的原因是：你们这里有一种叫作基伍的昆虫把病菌从病人传染给了健康人。"

但是阿波罗并不相信。

布鲁斯聪明地选择不去争论，而是小小地吓唬了一下阿波罗。

恐吓成功地让阿波罗向他请教："那现在要怎么办呢？"

布鲁斯告诉阿波罗在有昏睡病的地方，会发现舌蝇；而在没有昏睡病的地方则不会有舌蝇。

布鲁斯把抓捕舌蝇的工具给了阿波罗，并教授正确的捕抓和记录事实的方法。

于是阿波罗把工具及方法传达给手下塞基波波，而他又往下传达，就这样，完整的封建体系启动了。

不久，大量装有蝇的封袋被送到他的实验室，布鲁斯只好停止了猴子实验。

记载着完整事实记录的封袋连续到来，这是科学合作，可以说是在白人医学界中不存在的例子。阿波罗的手下精准地完成了他们的最后工作，地图上的红黑标志确切地说明了有舌蝇的地方才有昏睡病。

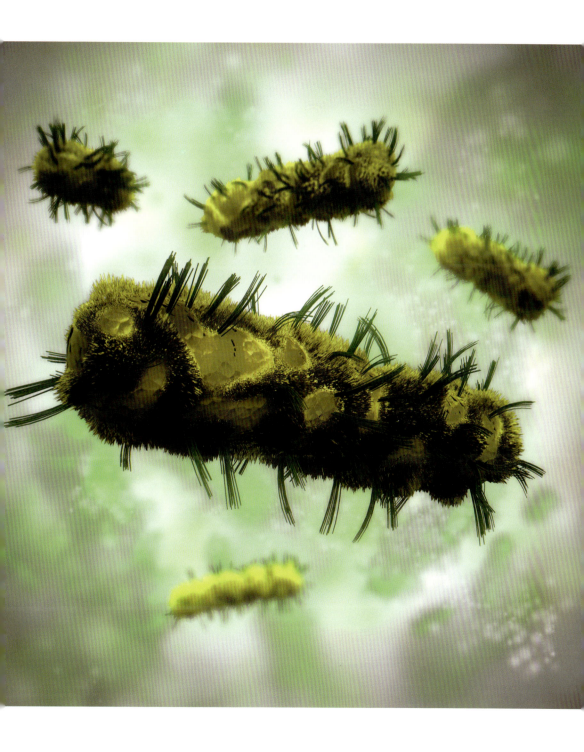

研究似乎成功了，被有病菌的舌蝇叮过的猴子在沉睡中死亡，而没有被叮咬的猴子则活蹦乱跳。这样简单生动的实验，与西奥博尔德·史密斯的最好实验相比，毫不逊色。

7

是要行动的时候了，尽管戴维·布鲁斯有着实验家的气质，但此时他是莱迪史密斯的外科医生，他要消灭昏睡病。这看来是最简单的任务。当然，血液中已经有锥体虫的黑人注定死亡。——但问题是这些舌蝇只在辛湖岸上生活。如果它们没有昏睡病患者的血可吸的话……

现在，要把昏睡病消灭了！

阿波罗和塞基波波以及较小的头人找到布鲁斯商讨消除昏睡病的办法，布鲁塞告诉了他们该怎么办的道理。

"这可以办到。"阿波罗在看到地图时，便已经对布鲁斯非常信服。布鲁斯和妻子离开这里回到英国。阿波罗则命令所有黑人及其家属都必须离开湖边迁到内地生活。

阿波罗下令："你们不能在湖边生活。因为舌蝇只在湖边生存，你们离开后，它们就无法吸食病人的毒血，昏睡病也会被消灭。直到现有的病人去世，你们才可以回到湖边生活。"

他们沉默着，尽管不想离开故乡，但是这些忠厚的人民服从统治者，离开了湖边。

沿维多利亚·尼安萨湖的周围，草木茂盛，密林遍布，鳄鱼探头，河马在岸边踱步……湖边的部落在迁到内地后，变得快乐了，没有人再因为昏睡病死亡。布鲁斯肃清了昏睡病。

布鲁斯从不会让自己闲着，他一个接一个地给自己找实验做，去寻找治愈危害人们或动物的疾病的办法。

布鲁斯不是一个自负的人，他注重实际，他认定实验结果更正确。

虽然他提出的结论过于不可思议，但他依旧是一个出色的实验家。因为踏实肯干，他坚持自己的理论。在他记载的书里，我们能看到他们的艰辛付出。

布鲁斯夫妻到有鳄鱼的地方提取动物的血液，因为布鲁斯认为锥体虫是生活在野兽体内的。

实验失败了很多次，但在一头本地牛的血液里，他终于找到了昏睡病锥体虫，它被舌蝇吸走刺进下一个人的体内。于是，他立即要阿波罗·卡格瓦把牛全部转移。而他让在实验室孵化的舌蝇去叮咬动物，看看有什么后果。发现舌蝇和羚羊在一起就会引起昏睡病，于是羚羊在有舌蝇的地方消失了。

如今，昏睡病真的在维多利亚·尼安萨消失了。

8

此时没有名气的微生物研究者和其他伟大的微生物研究者一样都是用自己的生命在奋斗，他们都在证明自己的理论是正确的。

从实验室里孵化的舌蝇会有昏睡病的锥体虫吗？他想对此进行进一步的研究，但是其他几位同事并不同意这个冒险的实验。但他还是做了，因为目前昏睡病无药可治，他必须尽快研究透彻。

布鲁斯为了研究不惜牺牲自己的生命，在他50多岁的时候，也就是1914年左右，他的身体日渐虚弱，而有科学家说这是一种新的病，是布鲁斯体内的纳加纳病老微生物引起的，这种锥体虫已经开始迫害人的身体健康了。于是他又开始研究了。这是他最后一次远征非洲。

道特为了证明自己是对的，他把从得了病的动物体内提取的血液注射到自己体内，还让舌蝇叮咬自己。

但是布鲁斯并没有泄气，尽管在科学上这些实验是失败的，可也有一定的价值。狠心的布鲁斯忽略了道特做的实验的价值。

尼亚萨兰是昏睡病肆虐的最后一个地方，而这里也是布鲁斯需要战胜昏睡病的最后一站。可是他没有把握去打赢这场战役，因为这里传播病菌的刺舌蝇到处都有，不仅仅是几个特定的地方，人们不可能不接触这种刺舌蝇。于是，布鲁斯只能对这种刺舌蝇重新进行研究，去辨别这种病与纳加纳病的区别。可是，最后他没有完成这个实验——

因为他们要做的冒险实验是给1000个人注射纳加纳锥体虫。

9

布鲁斯依旧认为在世界上一定有一些人：拥有勇士精神，敢于与死亡做斗争；也有像他一样善于带领人们去斗争的人。

第十章　罗斯与格拉西的战争——疟疾

1

19世纪末，当蚊子在狂妄地扩散着疟疾的时候，两个微生物界的猎人——罗纳德·罗斯与巴蒂斯塔·格拉西——也开始了他们抢夺功勋的战争。

罗纳德·罗斯是在英国读完医学校的，但他并不想鞠躬尽瘁于医学，救死扶伤并不能燃起他的激情，他似乎更想去培养自己对史诗式戏剧的天生兴趣。他自费出版的作品都没有引起读者的兴趣，直到他父亲威胁他不再给钱。最后他考进印度医务处，那里没有什么医务要他去做，这使他有更多的时间去"挥霍"自己的思想，他传奇的微生物研究生涯从此开始了。并不是在印度没有捕获微生物的机会，他目睹了成千上万人在疟疾中丧命，但此时的他是要放弃文学，立志成为数学家，开始编写复杂的方程式，之后又忘记了，拾起笔来长篇大论。他尝试着做各种事，但印度医务处却没有赏识他的多才多艺。

1888年，回英国休假的他遇见了罗莎·布洛克姗，他迷恋着这个女孩，同她结婚后回到印度，然后又开始手忙脚乱地重操旧业：开始用显微镜观察生疟疾的印度人的血液。但似乎他不能很轻松地驾驭显微镜，他想要以他自己的方法来发现疟疾病菌。可他没有成功，这就是他猎捕微生物生涯的开端。

屡次的失败让他想放弃医学和科学，他觉得奋斗到36岁的自己似乎还未蹚起一波微乎其微的涟漪，但是又在自己的思想文章中找到真实的自己，鼓励和安慰那仅存下来的自尊。

在伦敦，罗斯认识了帕特里克·曼森，他奇葩的思想在医学界声名狼藉，因为他发现蚊子能从血液中吸出蠕虫来，他想坚持这个观念，坚持相信蚊子是创造奇迹的微生物，深信蚊子对人类的命运是举足轻重的，所以受世人嘲笑，受到所有思想束缚的人的讽刺。当他们相遇时，可以说是臭味相投，或者说是找到了在这条道路上的伙伴。罗斯谈论着蚊子与蚋，却不知道这就是同一种生物。他们一起在曼森的诊所培养着罗斯刚从赤道带回来的水手的血，之后他们看到了疟疾菌在血里神秘地转变和跳动，他们成功地证实了疟疾寄生物，至少在他们两个人的思想里这些狂妄的微生物是存在的，但又不明白它们是如何从一个人传到另一个人的。但帕特里克·曼森对蚊子这个问题有特别的偏见。这个问题似乎在他脑子里已经得到答案，他相信蚊子是传播疟疾的元凶。他将自己的思想告诉了罗斯，罗斯不否认他的想法。于是曼森开始畅谈他的非同凡响的理论，开始推理蚊子传播病菌的过程，开始大胆地跟这个想使之成为自己助手的年轻人讲述自己的猜想，而罗斯似乎更希望自己能证明这个传奇。

曼森希望罗斯在去印度之前多了解有关蚊子的事，但他在伦敦却找不到有关蚊子的书（他是不知道蚊即是蚋的）。他思索蚊子是传播疟疾的，自然要从捕蚊子开始了。他在船上想要用自己的血吸引蚊子，却没发现蚊子的到来，之后他在一条跌落到甲板上的不幸的飞鱼身上发现了一种新的微生物。他在锡康德拉巴德一个荒无人烟的兵站开始研究蚊子的工作。他是奉命到这里的，所以他只是一个医生，在这里还要医治他的病人，没有人愿意相信他，甚至连疟疾寄生物也不相信。

但蚊子似乎不太愿意配合他的工作，蚊子不太愿意吸印度黑皮肤人的血，他最后想尽各种办法让蚊子为他效力了。罗斯捉住吸食印度人血液后的蚊子开始认真观察它的胃，观察它们连血一起吸来的疟疾微生物是不是在生长，可惜没发现它们生长。他一下子不知道自己之前到底发现了什么，开始质疑自己的猜想，但他的激情还在，因为他发现了与疟疾菌这个鞭子抗争的白细胞。

他也终于清楚知道疟疾寄生物是何模样了。他能将它眼前的各种不知所以的细微斑点、泡沫和气球相辨识。曼森致信让罗斯把蚊子产出的卵孵出子孑来，放入水中让仆人喝。但是失败了。但他坚持下去，他去有更多疟疾的地方试图找到新的解决方法。

他被调到班加罗尔去试图控制霍乱蔓延，最后没有遏制住。

2

两年后罗斯才回到锡康德拉巴德，但他的实验室已经一片狼藉了。两个月后他决心重新开始他的研究，他找到了一种他自己称为褐色蚊的蚊子来做实验。让它们吸侯赛因·汗①的血，每每吸一次赏他几分钱，罗纳德·罗斯逐日观察蚊子的胃。

解剖褐色蚊的胃时他发现有一种奇特的环状体，但炎热的天气耗磨了他所有的耐性，他放弃了观察的机会，环状体直径约二千五百分之一英寸，在最后剩下的蚊子胃襞上都有发现。

他一觉醒来才意识到，环状体肯定就是在生长中的疟疾寄生物，环状体上的黑色素正像侯赛因·汗血液里的微生物的黑色素斑点，环状体可能就是疟疾微生物生长后的模样。之后在解剖最后一只蚊子的时候，证实了他的想法，他确实发现了更多的环状体。

罗斯像个孩子一样欣喜若狂。

而在之后的一篇投寄《基国医学杂志》的科学论文中，罗纳德·罗斯承认自己没有尽心尽力研究，漆黑的点子或许根本不是什么疟疾寄生物，可能只是来自蚊子食管的色素，因为他不清楚褐色蚊子的来源，在这之前它们都有可能叮咬过其他生物，所以他又将自己拉入这场"混战"中，让自己变得很矛盾，但他还是为这个世人看来不值一提的发现兴奋不已。当然，印度医务处当局并不赏识他。他们派他到北方去治病。那里天气阴寒，那里蚊子极少，当地土人不肯让他用针刺手指让蚊子吸食。

5

不久后帕特里克·曼森帮助罗斯离开了北方，在加尔各答找到了一个不错的实验室，不得不承认加尔各答是个很好的疟疾窝。在这里他轻易地招请到了

---

① 侯赛因·汗是一位疟疾患者。

一个名叫穆罕默德·布克斯的助理。他们想在蚊子胃里重新找到有黑点的环状体。穆罕默德·布克斯在加尔各答的阴沟、水管和发臭气的储水池中找蚊子，最后的实验并没有和之前相符，罗斯开始质疑自己之前发现的环状体，怀疑是天气炎热，自己眼花了。

他们开始转移目标，他们把目光聚集到生了疟疾的鸟身上，因为鸟的身上存在着与人类相似的疟疾微生物。他们让蚊子叮咬患疟疾的云雀，在三天之后，他们惊奇地发现鸟的疟疾微生物在灰色蚊子的胃襞里生长了，和叮咬过生了疟疾的人的褐色蚊子胃襞里生长的相似。他致信曼森，讲述他惊人的发现，之后他不断努力证实这个发现：他们将三只麻雀（其中一只是绝对健康的）放在三个防蚊的笼子里，将用孑孓孵出来的一窝健康雌蚊分成三小群，在每一个麻雀笼子里放进一群雌蚊。吸过无病麻雀血液的蚊子胃里没有那些有点子的环状体，而叮咬过病越重的麻雀的蚊子胃里环状体越多。环状体逐渐长成像要戳出胃襞的疣突，而疣突里又有很多鲜艳的小颗粒在生长，但却不确定这些小颗粒是不是疟疾微生物。

他疑惑在蚊子胃襞里长成大疣突的环状体怎么没有了？

之后他发现从疣突里跑出很多古怪的纺锤形的线。直到有一天他看到了充满蚊子身体的这些纺锤形线的群体奔向蚊子的唾腺。

罗斯细声地念道：这样看来，疟疾的传染真的是由于蚊子叮咬。为了再次证实自己的想法，穆罕默德·布克斯先生拿来几只健康的麻雀，这些麻雀血里都没有疟疾微生物，把它们放入叮过病雀的一群有毒雌蚊的笼子里，19天后发现三只本来完全无病的麻雀胃襞上充满了变幻虫。他证实了他的猜想，他写信告知疟疾微生物的发现者阿尔丰斯·拉弗朗，他把自己的发现写成了论文寄给一家科学杂志和两家医学期刊；帕特里克·曼森告诉医学大会的医生们有关疟疾微生物在灰色雌蚊体内存在、生长、漫游的奇迹。他叙述了他所支持的罗纳德·罗斯是怎样在所有人的嘲笑中一步步走过来的，并得到了医学界的认可和掌声。

虽然这并不是他一开始就热衷的事业，但最后他没有放弃，艰苦努力，帮助了学者和专家。而巴蒂斯塔·格拉西去做那些十分出色的、最终使疟疾从地球上绝迹的实验。

6

乔瓦尼·巴蒂斯塔·格拉西是来完成罗纳德·罗斯未竟的事业的。他是一个医学博士，但他总偏执地说："我是一个动物学家！"在罗纳德·罗斯知道世界上有人想到过蚊子传播疟疾之前，格拉西也有这个念头，曾经多次实验都失败了，因为他用错了蚊子。1898 年是罗纳德·罗斯成功的一年。但格拉西却从来未听说过罗斯这个人，也不知道罗斯已经证实了这个想法。格拉西开始重新研究疟疾。之后罗伯特·科赫（全世界微生物猎人的首脑）也来到意大利，为了证明蚊子把疟疾从一个人传播到另一个人，疟疾是意大利当时面对的最困难的问题！

科赫与巴蒂斯塔·格拉西相会后，格拉西对科赫说："意大利有些地方的蚊子是绝对无益的，而那些地方就是没有疟疾！"

巴蒂斯塔·格拉西的意思是会使人认为蚊子与疟疾毫不相关。格拉西继续说："我就没有看到过一个有疟疾的地方没有蚊子！"

科赫不明白格拉西要表达什么，格拉西解释了他的想法，疟疾可能由一种不为人知的吸血蚊子（意大利三四十种蚊子中的一种传播疟疾），或许疟疾本来不是蚊子传播的！

科赫与任何逻辑都针锋相对，两个人话不投机，之后就各奔东西了。格拉西坚信疟疾是由一种特殊的蚊子传播的。

1898 年，他来到炎热的低地和多沼泽的荒地度假。巴蒂斯塔·格拉西在意大利那些最讨厌的地方走了个遍。

他总是在没有疟疾的地方找到这些蚊子。他找到的 20 多种蚊子处处可见，却没有人有疟疾，所以他宣判了蚊子无罪。他又走进了那些疟疾扩散的炎热城市的人家，他询问着别人家庭里患疟疾的情况，问别人最小的孩子患疟疾时是不是被蚊子叮咬过，所以他并不受欢迎。但他是想找到那类传播疟疾的蚊子，但最后只是证实了有疟疾的地方一定有蚊子。

家庭的主人告诉他，有一种他们称为赞扎罗奈的蚊子很特别，是一种一无是处的虫子。它样子古怪，无处不在，喜欢尾巴翘在空中（这是辨别它与其他蚊子的特点）。自然学家们把它命名为克氏按蚊。克氏按蚊成了巴蒂斯塔·格拉西的口号。"格拉西想拿它们来试试自己！他叫孩子在疟疾流行的地方捉来满盒的赞扎罗奈雌蚊，然后把它们拿到自己的卧室把它们放飞，可惜没有一只蚊子叮咬他，反而飞出去叮咬了他的母亲，但却没出问题。

但在一个天气不错的早晨，格拉西来到莫拉塔，他带了两三只小瓶回来，里面嗡嗡地飞着 10 只不错的雌疟蚊，之后疟蚊叮咬着索拉，不久后索拉开始发热，体温迅速升高，因为他的血液里充满了疟疾微生物。

格拉西再到乡下，捉拿、保存以及在他的实验室里精心地培养赞扎罗奈蚊。格拉西和巴斯提阿奈里把赞扎罗奈放在从未患过疟疾的人的房间里，最后他们患上了疟疾。而这个格拉西读到了罗纳德·罗斯对鸟所做的实验。他承认了罗斯的实验是正确的，但他又消耗太多时间去赞扬罗纳德·罗斯。

他坚持自己的想法，因为他已经发现了传播疟疾的是一种不同寻常的蚊子！因为科赫曾认为疟疾是从人传染到人，科赫还讽刺过赞扎罗奈蚊，他想彻底否定科赫的想法。

格拉西开始培养赞扎罗奈蚊的幼虫，它们在一个房间孵出来。在这个房间里，夜里都坐着这位巴蒂斯塔·格拉西和他的六七个朋友。他们每天晚上被叮五六十次！这样连续了四个月，他就这样完全否定了罗伯特·科赫的想法。他的观点找到立足之地，赞扎罗奈蚊的母体尽管来自意大利疟疾最流行的老窝，但被叮咬的他们谁也没有得疟疾！

叮一个疟疾病人是蚊子本身，而不是蚊子的子代。

7

"他坚信，赞扎罗奈蚊消失了，意大利就没有疟疾了，因为他深爱自己的国家，总想为它做点什么，所以他会对那些黄昏的时候在街上漫步的人愤愤不已，因为那时正是赞扎罗奈蚊活动的时候，总在劝告人们躲避赞扎罗奈蚊。1900 年夏，巴蒂斯塔·格拉西到了意大利疟疾最严重的地区——卡帕西奥平原。铁路员工和他们的家属一共 112 人成了巴蒂斯塔·格拉西的实验动物，他们黄昏的时候留在室内，小心谨慎地不让蚊子叮着。格拉西亲自到最危险的一个地方，阿尔巴奈拉有两夜睡在纱窗纱门后面给他们做示范。

在临站的不装纱窗纱门的房子里住着415位男女老幼，被赞扎罗奈蚊视为食物，之后他们个个患有疟疾，而夜里在纱窗纱门后的112个"牢犯"中，整个夏季只有5个人得了疟疾。格拉西像拯救了地球一样地欢呼着，因为这个疟疾狂妄的地带似乎成了意大利最保险的地点。

罗纳德·罗斯和巴蒂斯塔·格拉西的隔空战争有余波，但从总体来说他们是相辅相成的，至少今天的意大利、非洲、印度都有健康的孩子在成长。罗纳德·罗斯也受到了热情的招待，他以发现灰色蚊子如何把疟疾传给鸟而获得诺贝尔奖。

巴蒂斯塔·格拉西，意大利人都称颂他，选他为上议员。

虽然是略带讽刺意味的余波，但大部分是好的，很难衡量他们谁贡献得多，但疟疾确实危及整个世界，他们只止步于眼前的发现而自喜，真正地对疟疾的战争才刚刚开始。

罗纳德·罗斯在发现有关这蚊子的问题时成了这场硬仗的主力，当然，也是他工作的最辉煌的时候，他在这方面的成就就这样超过了格拉西。于是格拉西不服气，写了一篇激烈的论文为自己辩护。

为自己辩护不奇怪。为什么发生事情的时候科学家会争论不休？现实就是这样，然后他们会继续研究应对疟疾的战斗。写完这篇文章，距格拉西的科学的实验也有25年了。东京传来一则新闻：

"因为疟疾，琉球群岛的居民在迅速消失。甚至有八重山族的几个村子里30年来没有一个新生婴儿。有一个村庄叫诺若各，仅仅剩下一位居民，一个病快快的老奶奶……"

第十一章 沃尔特·里德——为了科学的利益、为了人类

1

沃尔特·里德是黄热病调查团团长。大家都认为他是一个温和有礼、善良谦逊的人：因为动物不会患上黄热病，所以他必须冒着生命危险。

再有就是原本是伐木工人的詹姆斯·卡罗尔为了证明里德的观点，不惜以自己的生命做实验。

全部古巴人相信那些愿意成为豚鼠的美国兵是英勇无畏到超乎想象的。而在古巴的所有美国人则相信不怕牺牲、愿做豚鼠的西班牙移民与英勇无关，而是金钱驱使——因为他们每人都得到了200美元。

你当然能说命运对杰西·拉吉尔实在是太过残酷了。但是是他自己让那只蚊子在他手背上吸血的，怪不得别人。而且他的结局已经算是非常好的了，人们记住了他，美国政府用他的名字命名了巴尔的摩港的一座炮台以歌颂他的行为，而且每年都给他的遗孀1500美元的抚恤金。这样没有争执地让这个黄热病故事变得有趣了。而且这个故事对于《微生物猎人传》这本书是不可缺少的。这个故事证明了巴斯德曾说过的话是对的。因为在1926年的时候，黄热病在世界上已经少得可怜了，数年后，这种病将会被消灭，除非说里德的奇妙而恐怖的实验出现了问题。

征服黄热病这场战斗是由一个名叫卡洛斯·芬利的怪老头开始的。他是个

医生，而且他提出了正确的设想，尽管他的实验惨败。不过大家都认为他只是一个会说理论的疯子。

因为大家都知道，而且都有自己的一套和黄热病斗争的方式：那就是烧掉跟黄热病有关的东西，远离患有黄热病的人，尽量不和他们接触。但是，这200年来，整个美洲的人几乎都同意，当城镇上有数十上百的人感染了黄热病时，必须远离这个城镇。他们认为这个恐怖的黄热病本领太过强大，几乎无法将它消灭。就算是在人们想出可以做到的各种办法与它战斗后，它依然在人间肆虐……

直到1900年，有关黄热病的知识基本是这样了。可是卡洛斯·芬利却大呼着："黄热病是因为蚊子才有的，大家都错了！"

2

1900年，在古巴的哈瓦那这个地方，死于黄热病的美国兵比战死在西班牙人枪下的还要多上数千人，情况非常糟糕。而且这黄热病让军官死亡过半，但是这病总是出现在脏乱的穷人身上，而这些军官是最卫生整洁的，也是远离黄热病地区的。于是伍德将军下令在哈瓦那开展清洁运动，没有一个角落不被打扫过，可还是毫无效果。这里的黄热病愈演愈烈，比过去数十年还要多得多。1900年6月25日，沃尔特·里德奉命来到古巴，研究黄热病的原因和预防方法。这个任务十分困难，或许巴斯德才是合适的。不过里德是有资格的，他不仅是个优秀的军官，他在1891年后还在著名教授手下从事过一点微生物捕猎的研究工作。

沃尔特·里德来到克马多斯，军人研究家詹姆斯·卡罗尔、微生物猎人杰西·拉吉尔，还有患过黄热病的、主要工作是解剖尸体的阿里斯蒂德斯·阿格拉蒙德这三个成员，再加上他就是黄热病调查团了。

调查团做的第一件事就是在最初得黄热病的那些病人身上寻找微生物，但是一个杆菌也没有找到。正是7月，黄热病最为严重的时期，调查团完全找不到黄热病发病的病原，但正因为这样的失败让他们走上了正确的道路。这也是微生物捕猎的奇特之一，总会在失败中找到正确的路。如今，里德开始的工作就陷入了失败之中。无事可干的时候，他听到了卡洛斯说黄热病是因为一种蚊子造成的理论。

当调查团去访问这位老先生时，老先生向他们说明了自己的理论，还把他称为凶手的卵给了里德。里德把这些卵给拉吉尔培养。你不得不承认里德虽然失败，但他的眼光确实敏锐，而且还能看到他有好运气。在他找不到杆菌时，他注意到照顾病人的护士并没有免疫力，但是也从未感染黄热病。

"若黄热病是因为杆菌，那么照顾病人的这些护士理应有人会感染。"里德告诉团员他的发现。

黄热病各种奇怪的现象得到了里德的重视。他看到这病在一家出现，紧接着，却又在与出现过黄热病的这家人没有交流见面的另一家中出现。

"这好像是有什么东西把病带到了这些人家。"里德说。而且这病的种种疑惑也被名叫卡特的美国人发现。有人在房子里得了黄热病，过几个星期，这所房子里又出现了黄热病。"这两个星期或许是病毒在昆虫体内生长的时间。"里德说。

里德说让我们来证明芬利的蚊子论。

说着容易，做起来却是难事。因为要想用实验证明是蚊子在传播黄热病，就必须有动物来实验。可是你不可以把黄热病传染给动物。那么就只有人这种动物了，可是黄热病死亡率极高，把它传染给人，无疑是一种谋杀。

于是，里德告诉成员假如他们愿意带头冒险，就是给美军树立一个好的榜样。然后，拉吉尔说他愿意让蚊子叮咬，而卡罗尔也同意了。

3

于是沃尔特·里德给了调查团秘密指示，之所以说是秘密，是因为这样做是违反纪律的、不道德的，而且这个实验并没有得到上级的赞同。拉吉尔和卡罗尔开始做这个从未有微生物猎人尝试过的实验，你只能看见两人属于研究家的那种眼神……

拉吉尔来到黄热病患者的病房，用有银色条纹的雌蚊叮这些病人，让这些吸食了黄热病患者血液的雌蚊接受实验。

沃尔特·里德说过："或许黄热病像疟疾一样，需要一定时间，蚊子才会变得可怕。"

但是，看着拉吉尔一脸无畏，就告诉了他，他不是个有耐心的人。他找到了7个自愿接受实验的人，对这些人实验那些叮过现在已经死亡的病人的蚊子。

但是结果让拉吉尔十分失望，这些人都非常健康。

不过詹姆斯·卡罗尔，他是里德的得力助手，更是里德的忠实拥护者。

詹姆斯·卡罗尔告诉拉吉尔："我有准备。"他让拉吉尔在这些叮咬过黄热病患者的蚊子中挑选最危险的那只蚊子。8月27日，杰西·拉吉尔精心挑选了一只叮过了四个黄热病患者，而且有两个是重病患者的蚊子叮咬在了詹姆斯·卡罗尔臂上。

这位军人一直看着蚊子叮咬他，吸他的血，谁也不知道他在想什么。但又都知道他在想自己已经46岁了，年龄越大的人得黄热病的越少，就算得了，也能很快痊愈。但是这天晚上，詹姆斯·卡罗尔写信告诉沃尔特·里德：

"如果蚊子论是对的，那我就该患上严重的黄热病。"事实也的确如此了。

几天之后，他确实病了，不过他认为自己得了疟疾，他拖着虚弱的身体到实验室去观察自己的血液，不过里边没有疟原虫。第二天早晨，他被拉吉尔送到了黄热病房，他在这里待了一段时间，甚至有过心脏停止跳动的时候，他就快要死了。

不过他一直都认为那段时间是他最引以为豪的时候，因为他是第一个实验成功的人。

之后是那个被他们叫作"某某"的美国兵。在卡罗尔出现头痛症状的时候，他们用四只蚊子叮咬他，而这四只蚊子都是具有强烈毒性的。

这个实验一切正常。8个被叮咬的人没有反应，不过最后的卡罗尔和"某某"都在被带有黄热病毒的蚊子叮咬后，患上了黄热病，卡罗尔甚至几乎死亡。卡罗尔十分得意，但是拉吉尔觉得这不是精准的实验，不能确定是蚊子让他们患上黄热病。尽管他并不肯定这样的实验结果，但他还是依照命令让蚊子吸食病人的血液。9月13日，杰西·拉吉尔在喂蚊子的时候被一只来路不明的蚊子给叮咬了。他并不在意，他只是认为这不过是只普通的蚊子，于是，他没有拍死它。

在拉斯阿尼马斯的医院病历卡上记载着 9 月 18 日晚，拉吉尔说感到不舒服，第二天出现了黄热病症状，在第三天的时候出现了黄疸。他患上了严重的黄热病，最终死于 1900 年 9 月 25 日晚。

4

尽管沃尔特·里德对拉吉尔的死感到悲伤，但是卡罗尔和"某某"的成功更让他激动。沃尔特·里德在报告中写拉吉尔是在黄热病病房被蚊子叮咬的，这就不能否定蚊子传染的可能。

沃尔特·里德说："我也该做这个实验。"可是他已经 50 岁了，大家都劝他不该这样做。

但他们必须证明，于是他找到伦纳德·伍德将军，把实验结果告诉他。将军准许了里德的研究，并给了里德经费，让他收买接受实验的人，建立了拉吉尔营，用来做实验。

如今，一流的微生物猎人虽然大不相同，但他们都有自己的创意见解。而沃尔特·里德却不是因为这个见解而闻名的。他想到了没有一个善良人可以想出的罔顾他人生命的实验。他需要小心翼翼地进行实验，因为这些实验是不能有疏漏的。然后，他放话说，现在需要进行一场挽救他人生命的战争，需要人自愿从军。才把通知发布出去，就有几个人自愿来到这里进行实验。里德告诉他们实验的严重性和可以得到丰厚的奖金，但是他们坚持为了人类和科学献身，并且不接受报酬。

沃尔特·里德向基辛格和约翰·J. 莫兰敬礼。就是这天来的那个人进入隔离所，成了健康的豚鼠。12 月 5 日，基辛格在被 5 只蚊子叮咬后出现了黄热病症状，不过幸运的是，基辛格痊愈了。之后是里德、卡罗尔、阿格拉蒙德三人骄傲的时候了。因为他们找到了 5 个西班牙移民，给他们丰厚的报酬，给他们进行了实验。在这 5 个人中有 4 人都患上了黄热病。

"这是值得庆祝的。"沃尔特·里德告诉妻子，"因为这将是 19 世纪科学史上除了白喉抗毒素和结核芽孢杆菌的发现之外最杰出的发现……"

沃尔特·里德已经得到准确的实验结果了，他已经成功了。他本可以就此结束，因为这被蚊子叮咬得了黄热病的 8 人，只有一人活着。

"可是黄热病可不可以通过其他方式传播呢？"里德问。

在当时，大家都认为黄热病死者的东西是有毒的，但是里德对此深感怀疑，当他在为实验成功而兴奋时，木匠在拉吉尔营地造了两座简陋的房子。1 号房间是完全无法居住的。之后这间屋子还搬来了装着死于黄热病的人用过的被褥的盒子。

沃尔特·里德和詹姆斯·卡罗尔再次进行实验。他们让库克、福克和杰尼根三人住进了这个满是恶臭的房间，里边都是死于黄热病的人使用过的肮脏的被褥毯子。里德和卡罗尔看护着小屋，防止蚊子进入，并且给三人最好的饮食。

数十个夜晚，三人都在这里待着，等待着黄热病的到来，但是他们没有患上。或许这是神奇的证明，但里德这个实验还不够完整。又有三个美国兵来到这里，他们穿着黄热病病死者的衣服，枕着有着黄热病病死者血液的枕头，睡在这些恶心的被褥毯子中。

尽管如此，他们仍没有患上黄热病。沃尔特·里德写道："认为衣被可以传染黄热病的观点，在首次实验就证实是错误的了。"他的实验是对的。但是里德有着实验家的性格，这促使他再次进行实验。他们在福克和杰尼根的皮下注射黄热病患者的血液，两人都感染了黄热病，幸运的是他们还活着。里德更多的是感谢上帝，他证明了待在 1 号房间 20 个晚上的两个士兵并没有免疫力。

华伦·格雷兹顿·杰尼根和勒维·E. 福克也因此得到了 300 美元的丰厚奖金。

<h2 style="text-align:center">5</h2>

在实验开展的时候，约翰·莫兰成了让人失望的人。在被几只黄热病蚊叮咬过几次后的他始终没有感染黄热病。那么要怎么办？

于是里德设计了另外的实验。莫兰住进了舒适的 2 号房间，在这里有着 15 只曾经吸过拉斯阿尼马斯医院里的病人血的饥饿的蚊子。

在短短几十分钟内，莫兰被叮咬了 7 次，之后又被叮咬了数次。而在这房

子里的另一间没有蚊子存在的屋子的两个士兵安然无恙。

可是莫兰呢？

他病得奄奄一息，不过他最终还是活了下来。这些实验让沃尔特·里德终于解答了他每个困难问题。他写道："在整座建筑物里有叮咬过黄热病患者的蚊子是传播黄热病的根本原因。"

事实就是如此简单，但沃尔特·里德在信中说：

"我一直祈祷上帝能让我做出一点能够减轻人类痛苦的成绩。现在终于得到允许了……祝你新年快乐。"

号手吹出巨大声响是为了庆祝现在能够消灭黄热病。

6

世界各地的著名学者来到哈瓦那，对沃尔特·里德的发现表示赞扬。威廉·克劳福德·戈尔加斯来到哈瓦那，和黄热蚊进行斗争。在几十天内，这里找不到一个黄热病患者，这让它第一次幸免黄热病，就像魔法一样。但还是有着不少的怀疑者光临实验所询问。之后的一天，有 15 个怀疑者进入了实验所的蚊子室，碰巧的是，一只装着黄热病蚊的瓶子的盖子掉了，这些蚊子飞向了他们。一切怀疑都在这一刻烟消云散，大家都蜂拥着跑出房间，连纱门都被踢倒在地。他们信服里德的理论到了这般热切的地步。

就连关于黄热病的权威——威廉·克劳福德·戈尔加斯和约翰·吉泰拉斯都相信了拉吉尔营的实验，他们甚至计划把这些实验应用到实践中。戈尔加斯、吉泰拉斯认为这些实验病人得了黄热病又康复了，是因为里德的及时医治。于是他们想给新到的未免疫的移民染上黄热病，同时证明里德的结果，他们甚至是这样计划的。实际上在当时只要消灭黄热病蚊就可以了，而且这种蚊子很好消灭。

这些愚笨的移民听说这是安全的，于是有 7 个移民和一个美国护士让有毒的黄热蚊叮咬，但是最后有两个移民和那个护士死去了……

这在哈瓦那引起了恐慌。但是詹姆斯·卡罗尔也在那里解决一些学术上的小问题。里德和卡罗尔互相研讨到底是什么引起了黄热病。这只是单纯的学术问题，而这两人为了解答这个问题，从舍己为人的人道主义者，变成了冷酷真理研究的无情者……

他们认为造成黄热病的杆菌非常渺小，是人类无法用肉眼观看的。

因为沃尔特·里德如今变得忙碌，所以派了卡罗尔来到哈瓦那。他因为这些实验病人的死亡而愤怒。卡罗尔写信给里德，说吉泰拉斯不同意他解剖死者尸体，他甚至不能用蚊子叮咬他们。他在信中斥责这些人。

就算是这样，他还是通过某种方式得到了黄热病患者的血液，并把这些血液用过滤器过滤。卡罗尔把这些过滤的血液注射到了三个没有免疫力的人身上。只是一会儿，就有两个人患上了黄热病。黄热病就像口蹄疫一样，它的病因是一种小得看不见的病菌。

里德写信劝阻卡罗尔不要再继续实验了。但是卡罗尔置之不理，做出了惊人的实验。

"我就是个例子。"卡罗尔说，"我相信病的严重性取决于人的易感染性，而不是被叮次数。并且我也做过了实验，被叮过后发作的病并不重。"但是若是这病人死亡，又会怎样呢？谁知道，这是可能的。

这个团队里最奇怪的便是他了。在实验中的勇敢，对探索危险的执着，不禁让我为他脱帽敬礼。是他首先主动让黄热病毒传染，成为那些美国兵，那些移民，还有不知名的人的模范。

6年以后，卡罗尔走向了死亡……

1902年，在有为之年的沃尔特·里德已经心力交瘁，因为阑尾炎死亡了。沃尔特·里德没有留下什么给妻女。于是他们投票通过给里德的妻女每年1500美元的抚恤金，而拉吉尔和卡罗尔的遗孀也是得到同样数目的抚恤金。这笔抚恤金也算丰厚，还有参议院的委员说她们还可以照顾自己。

基辛格怎样了呢？这个为了科学，自愿接受实验的二等兵没有因为黄热病死亡。最后，他们给了基辛格150美元和一块金表。尽管他没有因为黄热病死去，但是瘫痪却找上了他。不过幸运的是，他的妻子一直照顾他。

那么其他人又怎样了呢？我并不知道他们怎样了。这个奇怪的团队，他们命运各异，但是他们是微生物猎人最震惊世界的时间里的压轴戏，使全世界的黄热病几乎灭亡……

于是戴维·布鲁斯食言了："现在是不可能用人体来实验的。"

第十二章　保罗·埃尔利希——魔弹

1

300多年前，安东尼·列文虎克老实勤奋地生活着，直到有一天不经意地通过一种神奇的眼睛，看到了一般肉眼看不到的微生物，于是他决定围绕着微生物猎捕生活着。对于把他的显微镜叫作魔眼的那些人，他一定会不屑地哼一声。

现在，保罗·埃尔利希的心情越来越好，他让他的这本书和别的历史书有了一样完美的结局。这一天他吸了25支雪茄，并且高兴地公开地和他的实验室老仆一起喝酒，和德、英、美三个国家的同道也喝了几杯。他是一个透露着中世纪古典气质的男人。他曾说了句让人们都嘲笑他的话："总有一天我们都会用魔弹打击微生物。"他说了这句话之后，他的敌人甚至借漫画来取笑他的想法不可能实现。

但是这种魔弹真的被他造出来了！他甚至比炼金术士更厉害地做出了非常神奇的东西，他能将杀人犯所用的毒药变成"救命灵丹"。砒霜被他变成仙丹，从而这种苍白的螺旋形微生物不再毒害人们了。微生物的发作便是梅毒的形成，而感染梅毒的便是作孽的报应啊，梅毒这个名词也实在令人憎恨。保罗·埃尔利希的想象力很反常与古怪，这让微生物猎人们在这条路上绕了一个很大的弯，遗憾的是，这个弯绕得他们很多人都乱了阵脚，因此这微生物猎捕的历史中也就只有保罗·埃尔利希了。

不过，微生物猎人们的善行不会停滞不前，会有人再次把魔弹制造出来。

127

当然了，他们可能是看上去有些疯疯癫癫而富有创造性的人，像保罗·埃尔利希一样，为了得到这种奇妙灵药，那不仅仅是连续的长时间工作和比较完备的实验室两者结合的简单结果……目前还没有微生物猎人能够用眼睛仔细地瞧着你，并告诉你其中的原委。保罗·埃尔利希也正是这类人了。在1854年3月，他在德国的西里西亚呱呱坠地，后来在布雷斯劳的大学预科班读书，曾经写过一篇文章：《人生如梦》。

这个帅气潇洒的犹太人保罗·埃尔利希这样写着："生命是靠正常的氧化作用维持。梦只是大脑的一种奇怪的活动，脑的活动仅仅是氧化作用而已……梦其实是一种大脑的磷光现象！"

老师对如此的奇文的最后的评价只是一个字："劣"，从那以后，他所表现的都是这个"劣"了。从大学预科班出来，他进入了一所医学校学习，倒不如说是他曾进入三四所医学校，这就是埃尔利希。像布雷斯劳、斯特拉斯堡、弗赖堡、莱比锡这些显赫的医科教授对他的意见是：别用正常的思维来看这个学生。他们认为他是一个品德不是很高的坏学生。意思是说，保罗·埃尔利希不愿意记住那些过万的用于医疗的词语。他也许是一个革命家，他也是化学家巴斯德和乡村医生科赫领导的革命军的一分子。教授叫他切开尸体，这样好学习尸体的组成部分；而他呢，偏偏把尸体切成了很薄很薄的薄片，用苯胺染料把这些薄片染成各种颜色，染料有的是花钱买来的，有的是向别人借来的，有时甚至会当着老师的面把它偷来。

没人能够知道他为什么要这么做，有一点可以断定，他人生的主要乐趣（在啤酒桌上高谈阔论科学问题不算）是想看鲜艳的颜色，而不是要制造它们。

"啊，天啊，保罗·埃尔利希——你在干吗？"教授瓦尔德那问他。

"是的，教授先生，我这有不同的染料！"

他不喜欢古典式枯燥的训练，自称是现代人，他对拉丁文十分熟悉，擅长用拉丁文去喊他的战斗口号。他就是用战斗口号和标语工作，并不是靠逻辑工作。"化学物体起不了作用，要想有作用，只有去依附人体细胞！"他会这样满腹牢骚，还会猛敲桌子，桌子上的碗盏被敲得跳舞。他有一句使用了30年时间而不泄气的常用语。"你看！你明白！你知道！"他经常这样说，与此同时他会挥动他的眼镜，如果你认为他真的就是这样，那么对于最后他获得的成功，你也会觉得是凭这种拉丁话语（并不是他富于研究的头脑），从一定意义上来说，他的成功和这个是有关系的！

罗伯特·科赫比保罗·埃尔利希大 10 岁。科赫首次证明炭疽病微生物存在的那一天，他正在孔海姆的实验室里。他本人是个无神论者，在他的世界里，心中有个上帝，那就是科赫。埃尔利希在把一个病肝染色过后，结核病菌就出现过，这是在科赫之前。因为无知，又没有科赫那明晰的智力，他错误地认为这些被染色的小杆棒是晶体。直到 1882 年 3 月一个晚上，当他听到科赫讲述关于结核病病原的证据时，他领悟到："这真是我这么长的科学研究生涯中最为惊心动魄的经历了。"多年后，保罗·埃尔利希这样说。他要去科赫那里，去他那里猎捕微生物！

他和罗伯特·科赫交流给结核微生物染上颜色的奇特方法，这种妙法今天还在沿用。他立志要猎捕微生物。他只有努力工作，不能回避结核菌，由此自己患上了结核病，此时只好去埃及度假了。

2

那年他才 34 岁，如果他死在埃及，人们并不会记得他，人们谈论最多的也许就是他喜爱颜色，生活很逍遥，是个不折不扣的失败者罢了。他的经历可以和发电机相比。他曾认为自己可以猎捕微生物并且治疗病人。他曾经在柏林一家著名诊所任主任医生，他还是一个神经质的人，每当听到病人因为疾病不能治愈而发出的绝望叫喊声，一看到病人辞世，他就内心难安。我要医治他们！不能任意猜想病情，不依靠对病人和颜悦色的殷勤照料，不凭借按脉摸额，更不能等待自然之外的相助，心里应该想如何医好他们！有了这种思想之后，他变成了一个坏医生，医生在常人眼里要输给无能为力的疾病，应该有的是怜悯而不该是拼命。还有，保罗·埃尔利希也不是一个很受欢迎的医生，他的脑子在自己想象的支配下，他会凝视病人的身体，似乎他在透视病人的皮肤，他的那双眼睛像是高倍显微镜，正在观察病人身体内部的细胞。一定要这样！鲜活的人体内部材料和他的染料还是一样的，也就是苯环和侧链之间的事情。因此，保罗·埃尔利希并不理会最新的生理学说，而是创造了一种属于他自己的既奇特又有些老式的生命化学，你可以说保罗·埃尔利希什么都是，但不能说他是伟大的治病者。因此，他败了，只是还活着！

"让我来给活着的动物染色吧！"他大声说，"动物的化学和我的染料的化学实质是一样的，它们还活着时给它们进行染色，这样，答案自然就出来了！"之后他把心爱的染料亚甲蓝，在兔子的耳静脉上注射一点。他在仔细观察颜色在动物的血液和身体中流淌着，还难以理解地专门挑选活的神经末梢把它染成蓝色，只染蓝色，不染其他的颜色。好奇怪啊！一时间他忘记了他研习的基础科学。"既然如此，亚甲蓝说不定能够有镇痛的作用。"他自言自语，于是他不再犹豫，直接给正在呻吟的病人注射这一针，病人也许会舒服一点，这种舒服或多或少会让人感觉别扭，也许会导致病人惊慌。可是也不能责备他们啊！

良好的止痛剂他现在还是没能把它发明出来，从构成生物的几百种材料中，他选择亚甲蓝，只将其注射在一种组织上，保罗·埃尔利希对于这种奇怪的做法有了一个奇怪想象，这种想法的结果是他发明了魔弹。

"我这有一种染料，"他想入非非，"用它只给一只动物的一种组织染色，其他的组织都不去理会，我想一定会有那么一种染料，不会攻击人的组织，只是杀死那些侵入人体的微生物。"15年来，他一直为他的这个梦想奋斗着，现在有了试一试的机会了……

在1890年，埃尔利希顺利地从埃及回来，结核病并没有将他带走，罗伯特·科赫拿他做实验品，给他注射自己刚刚发明的可怕的治疗结核病的药品，药品起了作用，战胜了结核病毒，回归的他不久就去柏林的罗伯特·科赫的研究所工作了。每逢重要的日子，贝林在屠杀豚鼠的战役中战胜了白喉拯救了婴儿，日本的北里用患有破伤风的小老鼠做了离奇的研究。埃尔利希正是这个庄严场所的生命所在！科赫走进被他的学生把东西塞满而搞得乱糟糟的实验室，但见埃尔利希来不及使用的那一排亮晶晶的染料瓶。你可能知道那房子的皇帝就是科赫，埃尔利希的魔弹是多么滑稽可笑。罗伯特·科赫走进来一定会说：

"嗨，埃尔利希，今天能把你的实验结果告诉我了吗？"

于是保罗·埃尔利希变得欣喜不已，谈论起来更是滔滔不绝，没人知道他其实正在摸索一种新方法，他要让老鼠也许可以对蓖麻籽和相思籽的毒性产生免疫。

"过来看看吧，我能够非常精确地计算致使体重 10 克的老鼠死亡的毒素质量……你应该知道，我现在可以设计出一种能提高老鼠免疫力的曲线，这种曲线精确得和物理实验差不多……你清楚，我知道老鼠是如何被毒素杀死的，老鼠动脉内的血球被凝结！这种死法是不是说明……"保罗·埃尔利希在他的杰出的主面前挥动充满砖红色鼠血血块的试管，他要证明血凝结的毒素量，这是和导致老鼠致死的毒素一样，这血本就是取自同一只动物。保罗·埃尔利希向罗伯特·科赫侃侃而谈，口若悬河地灌输了那一连串的数字和实验——

"且慢，埃尔利希！我没听明白，你可以说得再明白些吗？"

"当然可以，尊敬的博士先生！且听在下细细道来！"他的嘴巴没有停，接着拿来一支粉笔，蹲下来，就在实验室里的地板上画了个图："过来吧，你看看，这回明白了吧？"

保罗·埃尔利希这个人没有任何架子，平时不拘小节，因此他会在任何可以画的地方把他的理论图画出来，就像一个讨人厌的小孩儿，不知道什么是应该不应该，哪怕是在袖口、鞋底甚至衬衫上，这让他的妻子总是叹息，更疯狂的是他连他同事的衬衣也不放过。谁也不能准确地说保罗·埃尔利希还有他的思想是否得体，一天一共 24 小时，他的思想总是有些过头：为什么人会有免疫力呢？如何知道免疫力的大小呢？或者说如何将一种染料变为他想要的魔弹呢？这些就是他的思想。

话虽然这么说，但是实验中的他却是一个相当严谨的人。他首先坚决反对微生物猎人那乱七八糟的做法，总觉得它们寻找真理的方法是东摸西撞，没有方向。曾经在罗伯特·科赫的实验所里，杀死了一只小白鼠，他准备屠杀 50 只，想在其中寻找出某些规律，他觉得这些规律的秘密也就是免疫性甚至是生与死的秘密。这些并不能解决他的疑难，却让他制造出了魔弹。

3

保罗·埃尔利希本身就具有快乐的性情，又非常谦逊，总是喜欢自嘲，这样的性格让他交友甚多，其实他是一个非常精明的人，他也知道他的这些朋友中有的身居高位。1896年，他荣升为实验室主任。这个实验室就是普鲁士皇家血清检定所。位于离柏林不远的斯特格利兹，总共有两个小房间，一间先前是个面包房，另一间原本是马厩。"我们这么多年都没有成功，主要的原因就是我们还不够精确。"埃尔利希说，他想到了巴斯德破碎的疫苗泡泡和贝林那泄气的血清气球，"毒素、疫苗、抗毒素的功效，都不能摆脱数学规律的支配！"他坚信，这个擅长胡思乱想的人，在他的两间本来就不宽敞的房间里走来走去，边吸着烟，边解释着，用上帝的名义来认可它的精确，计算注射毒汁的点滴和装着治疗血清的那有刻度的管子，要求精确计量。

但是有规律吗？这项实验结果会是奇特的。"你看！原因就是这个！"他会这么说，还能把怪图画出来，并且说明毒素的样子，体细胞的化学性质要这样研究下去，当实验用的豚鼠丧命时，保罗·埃尔利希发现实际情况与他的简单理论相符的很少，他有无尽的想象力，因此并不害怕失败，只是他所支持的规律并不是那么被别人赞同，要说明种种例外，他也画出自己的怪图，这个就是有名的免疫力的"侧链理论"的雏形，一个深不可测的谜，没有多少人能看懂它说明了、预测了什么。直到保罗·埃尔利希弥留之际，自己依旧坚信他那荒唐的免疫力侧链学说。于是世界各地的批评家对这一理论进行批驳，他没有放弃。他当时还没有能够用实验证明自己的假说，他的那些长篇大论毫无效果。当年他在医学大会的辩论中败阵后，他就用他的老办法，就是在回家的路上一路咒骂（嘻嘻哈哈地）那些反对他的人。"我亲爱的同事们，你看啊！"他大声叫道，"那些人啊就是无耻的獾！"每隔一段时间，他就开始骂，骂得肆无忌惮，他也不怕列车里的人把他赶下去！

到1899年，他已经有45岁了，如果他那个时候就死了，那么也就不是保罗·埃尔利希了，他将是一个真正意义上的失败者。一直以来他在为发现血清的规律而努力着，最终却画出了一个没人能够认可的怪图，如果只是凭借这些图要把那些本身作用并不大的血清变得有效，显然是毫无用处的。该怎么办呢？还是继续埃尔利希计划：现在就完成这个。他玩弄着手腕，打算拉拢有声势的朋友加入。过了一段时间，他那不能缺少的可亲可敬的首席厨师还兼职洗实验瓶子的卡德赖特先生，负责收拾斯特格利兹的实验室——他们来自莱茵河畔的法兰克福，那里没有柏林的医科大学和科学这样的吵闹。去那里干什么呢？法兰克福附近有些大工厂，工厂里面的化学专家能够生产漂亮的染料，对保罗·埃尔利希来说，没有比这个更重要的了。再加上在法兰克福生活着犹太富翁，那些犹太富翁都是急功近利之徒，他们有钱，埃尔利希经常说，如果要发明魔弹还需要四样东西：钱、耐心、头脑和运气，其中金钱在四要素中占据首位。保罗·埃尔利希也来了莱茵河畔的法兰克福，正如卡德赖特先生所说："我们大家一起搬家到莱茵河畔的法兰克福吧。"把所有染料搬走，还有一堆用铅笔做了标记和折了好多角的化学杂志，这回可是够这位先生忙的了。

你在读这本书，你可能会认为只有一种好的微生物猎人，他就是一种研究家：完全凭他自己，对于其他微生物猎人的著作不是很在意，喜欢研究自然奥秘而不太重视书籍。我们的主人公保罗·埃尔利希不是这种人！他对于自然观察得不多，他花园里的那只宝贝蟾蜍除外，这宠物就是他的天气预报。卡德赖特先生接到的第一个任务是给它提供大量苍蝇……不对，保罗·埃尔利希的观念是来源于书本的。

他埋头在科学书籍中，遨游于学海，他订阅了他能订阅到的各种文字的化学报纸期刊，就算有几种杂志中的文字并不认得，他依旧订阅。书籍被散放在他的实验室里，当有客人来访时，埃尔利希总会非常热情地说："请坐请坐。"可是经常是没有坐的地方。他的外套（如果没有忘记穿的时候）口袋里总是塞满了期刊，早晨女仆为他端来热咖啡的时候，往往会被他卧室里堆积如山的书籍绊倒。书刊，还有昂贵的雪茄，使保罗·埃尔利希变得很寒酸。他办公室里那破旧沙发上经常堆着大批书本，老鼠已经在里面安家落户了。当他不做那些古怪得难以理解的实验时，剩下的时间就是津津有味地读这些书了。每每读到重要内容时，保罗·埃尔利希会把它牢牢记住，这些东西会变成他奇怪的想法，以备需要的时候使用。这就是保罗·埃尔利希学习的方法。这并不是他在窃取别人的概念。别人的东西只要经过埃尔利希的脑子里一煮，奇特的事情就发生了。

这样，到了 1901 年，是他 8 年研究魔弹的开始，他这时读到了阿尔丰斯·拉弗朗的研究报告。你不会忘记，拉弗朗就是第一个发现疟疾微生物的科学家，最近他忙着研究锥体虫呢。他把这种有鳍的恶鬼给老鼠注射，这恶鬼是在马的臀部中寄生，这样，牲畜就得了马髓病。拉弗朗看着感染锥体虫的老鼠一个个死去，而且是百分之百地死亡。之后，拉弗朗把砷注射到几只被病魔折磨的老鼠皮下。用这样的方法，就杀死了大多数残害老鼠的锥体虫，但是还没有哪只老鼠能够真正病愈，也是百分之百死亡，阿尔丰斯·拉弗朗仅仅得到了这么多。

当他读到了这里，埃尔利希已经是摩拳擦掌了。"哈哈！这微生物可是极好的研究材料！长得大，容易看见。能够轻松地在老鼠体内生长。竟然能够用那么奇特的方法杀死老鼠！要是用来创造一种有治疗作用的魔弹，会有比这种锥体虫更合适的微生物吗？如果我能够找到一种染料，能把老鼠完全治愈，哪怕是只治好了一只老鼠，那该多好啊！"

4

这样，保罗·埃尔利希于 1902 年开始了他的研究微生物之旅。他拿出那些准备好的染料。"太棒了！"他俯身蹲在摆着各种各样不大不小的装满清洁的瓶子的橱柜前面高呼。为了研究还准备了一大批最健康的老鼠。他的那个任劳任怨的助手——日本医生志贺，为他小心地看好老鼠，老鼠被剪下一小段尾巴尖，得到一滴血，观察一下锥体虫是否存在，之后在同一条尾巴上再剪下一小段来又取得一滴血，同样是观察有没有锥体虫，之后还是在同一条尾巴上再剪下一小段来再取得一滴血，给另外一只老鼠注射。马髓病是锥体虫寄生在一只将死的豚鼠身体内，在巴黎的巴斯德研究所出现的，当锥体虫进入老鼠体内，猎捕就开始了。

他们试了将近 500 种染料。保罗·埃尔利希真是一个不科学的猎人！这和第一个船夫要寻找适合做结实划桨的树木一样，也好比第一个铁匠要找到最适合铸刀剑的材料。换言之，这也是人类历史上的第一次。没有任何可以借鉴的方法，只有靠摸索着流汗前进！埃尔利希不断地尝试着，尝试着他们的老鼠因某种染料而变成蓝色，却因另一种染料而变成黄色，但是马髓病里面有鳍锥体虫这一类，在老鼠的静脉里逍遥自在，成群结队地吞噬老鼠，致死率同样是百分之百！

埃尔利希深深吸了口那名牌雪茄，他的烟瘾越来越重，就算休息时在床上也要吸。他同时喝了更多的矿泉水。读的书也更多了。他还是没有搞清楚哪种染料能够杀锥体虫，他焦急懊恼，把手中的书重重地摔在那可怜的卡德赖特的头上，这其实并不是他的错。就算他会用拉丁成语，也能提供惊世骇俗的理论，哪怕是能够说明那些染料应该起的反应是什么样的。历史上还没有一个研究家能够制造出如此极端错误的理论。之后，在1903年的某一天，就是他的被人们定为错误的理论，再一次给了他帮助。

埃尔利希再一次用拥有美丽颜色但性质复杂的苯加上红紫染料在一只奄奄一息的老鼠身上做实验，但是马髓病还是夺走了老鼠的生命，又一次失败了，他很恼火。保罗·埃尔利希紧皱前额（他的前额因为经历了20年之久的困惑和失败，现在已经像一张盖在屋顶的铁皮一样褶皱）对志贺说：

"现在这些染料在老鼠身体里扩散的效果没有达到预期的效果！亲爱的志贺，我们稍微来改动一下看看，假如，在染料中加入硫基，也许会在老鼠血液里溶解得更好！"保罗·埃尔利希还是皱皱眉头。

你可知道，保罗·埃尔利希的头脑虽然可以说是一部化学知识的百科全书，可是他却没有长出一双化学专家的手。对于复杂的仪器他不太喜欢，也不懂得如何使用，他仅仅是酷爱那复杂的理论。所以，对于化学来说，他还是一个新手，即使是对于化学实验并不是很精通，"但是这染料必须改变一下，要不还是没有作用。"他大声说。此时，保罗·埃尔利希既是最兴奋的人，也是最可爱的人。时间不多了，他就把苯并红紫染料送回染料制造厂，加上了一些恰当的硫基，"是变化了一点"。

志贺给两只小白鼠注射那可怕的锥体虫。一天天过去了，老鼠开始睁不开眼睛了，它们的毛因为对死亡的惧怕而竖了起来。又过了一天，眼看这两只老鼠即将同归于尽……且慢！志贺在这两只老鼠中选了一只，给他注射了一针红色染料，有了一点变化。埃尔利希在紧张地注视着，踱来踱去，喋喋不休，指手画脚，伴有挥动袖口的动作。几分钟的时间，这只老鼠的耳朵变红了，几乎已经闭上眼睛的白色逐渐转为粉红，比它的白化的瞳孔更红。这一天，被认为是保罗·埃尔利希的黄道吉日，这天他很幸运，就像积雪在 4 月的阳光面前，这些一直以来恶毒的锥体虫此时此刻被这只老鼠的血液给溶化了！

成功了，微生物被魔弹消灭了，看来有希望了。

那只老鼠怎么样了？它睁开眼睛。看到了那只在笼底的同伴的小尸体，因为它没有注射过红色染料，就这样死去了。

这是在锥体虫手上救活的第一只老鼠。

保罗·埃尔利希，因为耐心、机会、上帝，更重要的是一种名叫"锥虫红"的染料的帮助，救活了第一只老鼠！这是多么鼓舞人心啊！"这被救活的不是一只老鼠了，而是会有 100 万人的命！"这位信心十足的德国犹太人这样想着。

可叹啊，可叹而又可叹，这种救人的希望可不是短时间内能实现的，还需要进一步的实验。志贺依然给老鼠继续注射这种锥虫红，实验结果有的老鼠有好转，有的还是死去了。有一只看样子应该是得救了，在笼子里还活蹦乱跳的，没想到 60 天后，它还是死了，于是，手法娴熟的志贺把它的尾巴剪下，给保罗·埃尔利希继续做着研究。锥体虫这可怕的畜生，狡猾、顽强，为什么一切无耻的微生物都那么顽强。更有甚者，它们是一个比一个顽强。

保罗·埃尔利希虽然得到了一次小小的成功，可是之后的实验却令他绝望。在戴维·布鲁斯的锥虫病的锥体中，在人类昏睡病的致命的锥体中，这种锥虫红都毫无作用！就算它对老鼠有疗效，可是在大白鼠、豚鼠和狗的身上也是一点作用都没有了。这种辛苦磨人的工作，也只有像埃尔利希这样不厌其烦且锲而不舍的人有勇气做下去。

他的实验室一直在扩大。从法兰克福的善良居民的角度来看，保罗·埃尔利希就是一位博学大师，他能够把神秘的东西搞清楚，他也能解答关于自然界难以理解的哑谜，他经常会忽略一切事情。因为他很健忘，为了不忘记家人重要的日子，总是需要几天前就写在卡片上备忘。"多么好的人啊！"他们评价说。"他是多么深刻的思想家啊！"每天早晨送他去研究所的车夫这样说。"他真的是一个天才！"那些拉风琴的音乐家评价说，埃尔利希每周都请他们在研究所的花园里演奏舞曲，而且酬劳丰厚。埃尔利希说："我要听一下那最轻松最愉快的音乐，我需要灵感。"

富翁们对他也很敬仰。1906 年，他吉星高照。有一个富有的银行家乔治·斯派耳的寡妇费朗齐斯加·斯派耳夫人给了他一笔巨款，以修建一座乔治·斯派耳馆，他购置玻璃器皿和老鼠，也聘用了几位化学专家。这样就弥补了自己在化学动手方面的不足，这真是一个好消息。

5

可是那些染料并没有给人们带来多大的希望。其他的化学家都把他当作白痴看待。然而，保罗·埃尔利希是博闻强记的人。一天，他坐在办公室里正在研究化学期刊，就像古代传说中有千里眼能炼金的人在研究点金石方子一样，他专心致志地注视着一种邪药，它名为"阿托西耳"（对氨基苯砷酸钠），这是"无毒的"的意思。真的无毒吗？阿托西耳治好了患有昏睡病的老鼠。可是阿托西耳也让未患昏睡病的老鼠死去。阿托西耳在非洲的可怜黑人中试用。人们并未得到治愈，反而有数目惊人的黑人，还没有死于昏睡病，眼睛就瞎了，瞎得很彻底。因此，你能看到，这阿托西耳就是一种邪药，如果它的发明人还活在世上，他会感到内疚吗？组成这种邪药的是苯环，其实是由 6 个碳原子组成的环，除此之外还有 4 个氢原子和难以计数的氨和砷的氧化物，这是妇孺皆知的毒药啊！

"让我们给它来一点变化吧。"保罗·埃尔利希说，他心里很清楚，构造一变其也就被破坏了。之后的每天下午，埃尔利希总是一个人在化学实验室里忙碌着，这是一个很特别的化学实验室。实验室里没有曲颈瓶，没有烧杯，没有烧瓶，没有温度表，没有烘箱，甚至没有天平！简陋得和乡下药房的配方间一样，和配方间不同的就是实验室中间摆着一张大桌子，桌上有一排排有的有标签，有的标签被瓶里的紫色东西玷污得模糊不清的瓶子。这位科学家有惊人的记忆力，它能记住每一个瓶子里放的是什么，在众多的瓶子中间，一盏破旧的本生灯吐着蓝色火焰。这里真的是一个化学实验室？

在这间简陋还有些混乱的实验室里，保罗·埃尔利希在研究阿托西耳，实验到忘我的地步，经常会大叫："太好了!"一会儿又大喊："不——可——能!"马夸特小姐的罪可是没少受，他也会大声呼喊，这里少不了卡德赖特。保罗·埃尔利希经研究发现，可以改变阿托西耳，不是改变那么一点就可以的，需要把它大大地改变才行，这种东西自然是不能简单一变就可以了，没有谁知道有多少种没有听说过的砷化合物能够和苯化合。

"我一定可以改变阿托西耳!"埃尔利希为了完成这个改造实验，忙得不戴帽子、不穿上衣，来往于光线昏暗的房间。"阿托西耳可以改变，我们能够把它变成100种、1000种砷的全新的化合物!"他高叫"我亲爱的贝尔泰姆"，于是他滔滔不绝地说出他的计划。而贝尔泰姆呢？当他听到"我亲爱的贝尔泰姆"这句话的时候，他就很乐意帮忙了。

之后的两年里，在这个世界上，日本人和德国人，姑且不提那几个犹太人，人们和大白鼠、小白鼠在那个精灵鬼怪的地下铁工厂的实验室通力合作着。他们试了这种方法，他们又试了另一种方法，他们确切地统计过，一共用了606种不同的砷化合物进行实验。领队的魔力，让全体人员不去想他们的任务是那么的不切实际，看上去是多么滑稽可笑。他们的主要任务是：把天下人都知道的毒药砷变成治病救人的灵药，这药可以挽救无数的生命。人们在努力着，就是在这个经常皱着眉头还有着一双柔和的碧眼的执着的人的鼓励下，才有了如此的工作热情。

世上无难事，只怕有心人，他们最终还是改变了阿托西耳!终于制成了那奇妙的砷化合物，这些药对于治疗小老鼠很有作用。"我们终于得到了!"准备拿它们给人们注射了，新的问题来了，马髓病的锥体虫被消灭的同时，这些灵丹妙药把那些治好的老鼠的血化为水……这一切谁能相信？新改造的砷化合物可以让老鼠们手舞足蹈，一直跳着，跳到真正的筋疲力尽才能停止。就算是魔鬼也不能用的一种更毒的毒药，把这些生物折磨得不知生死。看来想找到完美的药品，真的是太难了，一次又一次的失败，让人沮丧，保罗·埃尔利希该如何面对这种状况呢？他在实验笔记中写道：

"这药品对老鼠的影响，还是有点意思，改良后的化合物把老鼠变成了舞鼠。到我的实验室来拜访的客人，有这些会跳舞的老鼠招待一定会留下深刻的印象……"他还是如此的乐观。

他们也重新组合了很多化合物，这是令人沮丧的事情。

没想到会出现砷的抗性怪事。埃尔利希也发现了对动物一次用大量化合物还是有一定危险的，那以后就减小剂量试一试。可是，锥体虫对砷似乎真的有了抗性，一点都不会被伤害，老鼠们也都慢慢地被病毒杀害了……

先前制作了591种砷化合物都没有得到成功。保罗·埃尔利希也开始用阿Q精神来激励自己。这种心理上的安慰，再加上上帝和神的规划，他依旧乐观着。他还是依旧画着他让人们觉得可笑的图解，这是想象中的新型含砷的药品的图形。可是大多数人还是认为，要发明出这种药品是不可能的。他在若干张纸上给手下人员画图，哪怕是饭馆的菜单上和啤酒店的画片、明信片上。他的这种想法是好的，可在旁人看来就是异想天开，乐观、自信的他毫不在意，其他人也是很惊讶，被他的执着感动。他们评价说："他真的是很热心啊！"有他的影响，他们也变得热心起来。如此一来，保罗·埃尔利希过度耗费心血，终于在1909年迎来了属于他的，也是属于世界的伟大的日子。

6

他已经年过半百，剩下的日子不多了，他要抓紧时间。保罗·埃尔利希也遇到了著名的制剂六·六，你要知道，要是没有专家贝尔泰姆的帮助，他是不可能发现它的。这个六·六是非常容易发生变化的化学合成产品，也就是说制造起来很危险，那种酸蒸气随时都可能爆炸起火，稍一接触空气就会使它从温顺的物品一变而成恐怖的毒物，因此储存也是有一定难度的。

这就是著名的六·六试剂了，学名叫作"二氧二氨基偶砷苯二氢氯化物"。它对锥体虫可有致命作用，把它一针打下去，就可以把老鼠血液里的马髋病的锥体虫慢慢地消灭。尽管它也是含着大量的砷，相比之前的药物是很安全的，可以说这好像是谋杀犯爱用的慢性毒药那个样子。它不会让老鼠失明，也不会把老鼠的血化为水，更不会让老鼠无休止地跳舞，这个是安全的！

"那段日子是难忘的。"多年以后，老卡德赖特还很怀念。那些日子里，他的腿脚已经不灵便，却依然每天忙碌着。"那是我们一起发现了六·六的日子啊！"在微生物狩猎的历史中，那段时光令人激动啊！六·六能够治马髓病，更重要的是它是安全的，它对老鼠和马都有疗效。那天保罗·埃尔利希在巧合之下得到了一个理论。那是在1906年德国动物学家绍丁提出来的，他发现了一种淡淡的苍白的螺旋形的微生物，其形状如一柄缺少把手的瓶塞钻，弗里茨·绍丁也是一个想象力特别丰富的人，经常喝得稀里糊涂，还常常见到离奇的幻象。但他的这个发现是个很好的发现，这里有必要把他的事情多讲一下。绍丁新发现的这种微生物叫作苍白螺旋体。他已经证明这种微生物是致病原菌。他忘不了，绍丁说："这种苍白螺旋体，是一种生物，并不是细菌。确实，它和锥体虫还是有密切的血缘关系的……这种螺旋体有时甚至能够转变为锥体虫……"

浪漫的绍丁说了有关螺旋体与锥体虫那么多，原来这些只不过都是一种猜测而已，可是这些已经令保罗·埃尔利希激动不已。

"如果那苍白螺旋体是马髓病锥体虫的同宗亲人的话，那么六·六一定能杀死这螺旋体！"保罗·埃尔利希还没有证据能够证明这两种微生物的血缘关系……他正朝着他胜利的方向前进着。

他又有了新的想法。每天要吸更多的雪茄。不久，又有一大批健壮的雄兔来到乔治·斯派耳馆，同时实验室也来了一位矮小而勤奋的日本微生物猎人秦佐八郎。秦佐八郎做事严谨，能力很强，同时也是一个能吃苦的研究家。他思维清晰，能够同时做10来种实验。

秦佐八郎首先是拿看上去不是很苍白，也就是不怎么危险的螺旋体用六·六做大量实验。这种螺旋体对母鸡的作用是致命的……实验结果如何？"这真是前所……未有！叫人——难以置信啊！"保罗·埃尔利希大呼。血液里有这么多的微生物的公鸡和母鸡，接受了六·六的注射。母鸡第二天就开始"咯咯"叫，公鸡也变得趾高气扬了，这真是太好了！但是还不知道对那种令人想起来就作呕的病有作用吗？

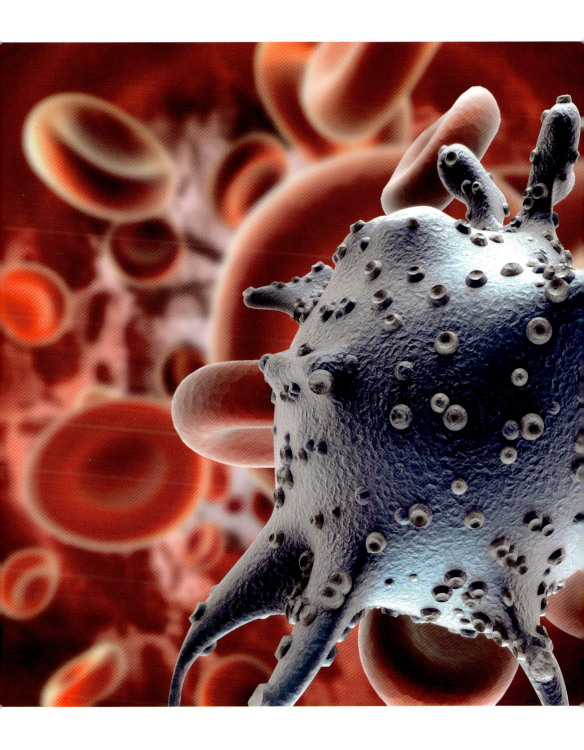

1909 年 8 月 31 日，保罗·埃尔利希和秦佐八郎用一只健壮的公兔做实验。这只兔子看上去很健康，只是在阴囊的嫩皮上有两个丑疮而破了相，每一个疮差不多有 25 分米那么大。这疮就是由那种苍白螺旋体的感染造成的。秦佐八郎在一个月前就给这只兔子注射了苍白螺旋体。秦佐八郎在显微镜下面放一小滴取自伤口处的液体。在显微镜下暗黑区的黑色的地方，有无数苍白螺旋体在强烈光线中闪闪发光，它们前后跳跃，大多数人看了都会觉得恐怖，可是在微生物猎人看来却是一幅美好的图画，可以连看几小时不厌倦。归根结底这些微生物是令人憎恨的，这世间还有什么生物能给人类带来恶病和痛苦呢？

秦佐八郎站在一旁。保罗·埃尔利希用显微镜观察着。之后，他看了看秦佐八郎，又看了看兔子。

"注射吧。"保罗·埃尔利希说。于是秦佐八郎往兔子的耳静脉注射了六·六试剂，这是正与邪的第一次交锋。

第二天，在兔子阴囊里那些螺旋形怪物就消失了，那些疮也愈合了，疮上面干净的好好的痂就是一个好的兆头。不到一个月，剩下的只是小小疤痕，真像传说中《圣经》里的耶稣治病，太神奇了！保罗·埃尔利希写下了这样的一段话：

"这些实验已经证明，如若使用的量足够大，那么只需要一针就可以完全杀死螺旋体！"

这是保罗·埃尔利希最高兴的日子。魔弹可以说是成功了！还是很安全的子弹！没有任何危险。那些痊愈了的兔子就可以说明了！当秦佐八郎给它们注射三倍于能马上治愈它们的六·六时，它们眼睛一动不动了。这比他的梦想还奇妙很多。曾经德国所有研究家对他和他的梦想是那么的不屑一顾，现在他可以自豪地说："我成功了，它是安全的！"保罗·埃尔利希大声高呼成功之后的喜悦心情可以体会到。"新药品不仅有效，更重要的是绝对安全！"他向人们保证着。可是在夜里，一个人在书房静静地坐着，整个人沉浸在雪茄烟雾中，陪伴他的还有那成堆的书刊，这位行动家低声自语：

"它真的是安全的吗？"

众所周知，砷是杀人用的毒药……"现在，我们已经把它的特性给改变了！"保罗·埃尔利希争辩说。

现在能救老鼠和兔子，不过也可能杀人……"实验室到病床的最后一步还是有些冒险，可是这一步非走不可！"保罗·埃尔利希说。

但是第二天清晨，晴朗明媚的日子。实验室里有着已经痊愈的兔子，还有鬼斧神工的柏特海姆，这是他尽心竭力使砷经过606种化合物的结果。不会有错的。曾经那么多化合物是危险的，但是这第606种一定是安全的了。……太妙了！这里有上百只实验动物和上千种化学物品。还有这里的男人和女人，对他很有信心！我们要有信心，让我们昂首阔步，进一步试一试吧！

说到底，保罗·埃尔利希要赌一把，先前的第一流微生物猎人哪一个不是在赌呢？

当第一只兔子阴囊上的痂还未脱尽的时候，保罗·埃尔利希致信友人肯拉德·阿尔特医生："现在可不可以把这新制剂六·六用于梅毒病人？"

阿尔特的回答是："唯命是从！"每一个德国医生都会这样回答，这些医生是无所畏惧的，同时这也是他们的一线希望。

1910年，是保罗·埃尔利希的成功之年。一天，他走入哥尼斯堡的科学大会礼堂，顿时掌声像暴风雨般连续不断，他们让保罗·埃尔利希讲话了。这是他关于魔弹的报告，他讲这种令人作呕的病有多么可怕，还讲了那些可悲的病人正在一步一步走向死亡。以前他们没有任何办法，尽管使用水银治疗，吃水银，擦水银，甚至注射水银，最终还是没有得救。他讲了那些危在旦夕的人只要一针六·六化合物打下去，他们就又站了起来。他们又重新和以前一样了，他们的朋友也乐意和他们交往了……那天保罗·埃尔利希讲述了可谓是"圣经"式的治疗方法。有一个可怜的人，感染苍白螺旋体到了很严重的程度，几个月里只能用一支管子灌入液体食物。仅仅是下午2点钟注射一针六·六，到了晚饭时候，他已经可以吃三明治了！还有一个可怜的女人，受了她的作孽男人的牵连，骨头痛，痛得只有靠吗啡才能安静睡一会儿。同样是一针六·六，当夜她睡得很踏实，这时已经不需要吗啡了。这药到病除的神奇只有在《圣经》中读到过。这是一个奇迹，这么多年来有多少巫婆、教士、巫医的药物药草，都是骗人的了，这些人因为无知也害死了很多人。现在有了微生物猎人的血清和疫苗，这个魔弹六·六化合物对于疾病很有效果。

这个消息让人拍手称快。

保罗·埃尔利希并没有止步不前，在这一天，保罗·埃尔利希和手下的研究家们又开始了新领域的研究。

可是，当你做每件事的时候，都会出现一种相等的和相反的事情。在非生命世界里是真实的，在保罗·埃尔利希这样的人的生活中同样也是真实的。保罗·埃尔利希给六·六取的名字叫洒尔佛散，全世界都在呼唤着。我们要加把劲。于是在乔治·斯派耳馆的实验室里，贝尔泰姆和他的 10 个助手开始努力制造着这种奇妙的东西。现在是一个小小的实验室要完成一个化学工厂的任务，这可以说是一个繁重的和危险的任务，他们就那么几个人，而洒尔佛散是可以救人也可以杀人的"双刃剑"。为了拯救更多的人，埃尔利希现在的身体已经是皮包骨头了，患着糖尿病，每天还是吸雪茄而且越吸越多，现在，他更加努力了。

他在乔治·斯派耳馆里指导化合物的制造，来回踱步。他要把这东西造得更为奇妙，他这样希望着。忙碌的他走来走去。现在他已经收到来自全世界各地的几千封信，都是关于六·六的反馈，他还把 1910 年注射的 6.5 万剂六·六的每一次注射都仔细记录下来。他把这些记录在一大张纸上，钉在办公室橱柜上，从门顶到门脚，写下了无数个细小的字，字写得太多了，他经常蹲着或者踮起脚尖才能看清这些记录。

随着使用药剂的病人逐渐增多，大多是奏效的记录，当然也有那些读来并不愉快的报告，用后呃逆、呕吐、双腿麻木、痉挛和死亡，甚至有个不会死那么快的人，就在注射了洒尔佛散之后才马上死去的。

为了解释这些事故的原因，他耗尽心力！为了避免这些事故再次发生，他累得心力交瘁，健康受到损害。他又进行了多种实验，还进行了很多的通信调查，细心询问注射之后的问题，问得极为详细。他把想出的解释，写在每晚上他都玩的纸牌上边，写在那血腥的、恐怖的、神秘故事书的背面，当他读这些记录时，本以为能够消忧解愁，但是这如何能让他消忧解愁？糟糕的事一件一件地缠着他，他已经心力交瘁了……

额头上的皱纹已经成了深沟，灰色眼睛下面的黑眼圈更加黑了。

你可知道，这个化合物六·六，让成千上万的人免于死亡，免于痴呆，免于比死更惨的被人唾弃，六·六能够拯救那些身体被苍白螺旋体折磨的人，但是这个六·六竟然开始杀死了几十个人。保罗·埃尔利希的身体已经很糟糕了，但还是竭尽全力要解开这个谜团，辛劳的工作已经把他累得皮包骨头了。他经历10年的研究，似乎这一切还是没有想明白。保罗·埃尔利希的这个成功，是对以往的错误的分析之后得到的成功。"化合物六·六与螺旋体发生化学的结合而杀死它们，它不会和人体内的物质结合，对于人体没有任何伤害！"这原是他的理论……

可是，奇特的六·六所起的化学作用，对于精细微妙的人体究竟是起了什么作用呢？对此还是一无所知。保罗·埃尔利希也因为他的错误受到了惩罚。（他也是为了造福人类，还是可以理解的）他的过失是没有想到一个魔弹用于每几千个人体里，有可能也会伤害一个人。我们都知道，一流微生物猎人可以说是个赌徒：保罗·埃尔利希原是一个善良且无畏的冒险者，他也挽救了千万人的性命。

我们应该牢牢记住他的名字，这个为微生物猎人们指出新的方向、寻找魔弹道路的开拓者。有些默默无闻的研究者，其中不少人是保罗·埃尔利希的助理，在埃尔贝费尔德的大染料厂里工作着。他们偶然间发现了一种奇妙的药品，只是其化学性质是保密的，它被命名为"拜耳二·五"，它是一种温和而神秘的药品，这药物能够治疗以前被认为是绝症的罗得西亚和尼亚萨兰的昏睡病。我们不会忘记，这就是那个硬汉戴维·布鲁斯奋战到底也没能战胜的疾病。它对于人体的细胞和液体能够做出神奇的事情，当你知道这种药物所做的事情，一开始你一定会觉得那是谎言和神话，最大的好处是它能够奇特而精准地杀死微生物，若保罗·埃尔利希在天有灵也会为此庆祝的。

好像太阳会在早上从东方升起一样，寻找魔弹的道路上会有越来越多的微生物猎人加入进来，那时会有更可靠、更安全的魔弹，用来彻底消灭困扰着、伤害着人们、动物的那些最恶毒的微生物。让我们牢牢记住保罗·埃尔利希这个名字，这个铸造魔弹的先驱者，这个英雄……

翻开历史的启示录，人类都是在多少苦难之后才知道成功的滋味，你所提出来的新观点如果真的是重大的发现，那么即使全世界都在反对你、嘲笑你，也请你坚持下去，科学的力量是伟大的。我要说：我很爱这些微生物猎人，从老安东尼·列文虎克到保罗·埃尔利希。并不仅仅是他们的那些发现，也不仅仅是他们给人类谋的福祉。更重要的是我自始至终爱他们的为人。我说自始至终的意思是，他们每一个人都活在我的心中，且会继续活下去，他们并没有消失。

我爱保罗·埃尔利希。常人看来他是一个疯疯癫癫的人，他随身总会带着一盒子的奖章，这些奖章胡乱地放在一起，奖章多得不知道应佩戴哪一枚才好。他也是个不拘小节的性情中人，有时只披上衬衫就冲出卧室迫不及待地迎接一位微生物猎人同伴，之后出去畅饮。

古人言大智若愚，保罗·埃尔利希就是拥有这样大智慧的人。

"你说你这是心灵的杰出作品，还是一个神的科学成就?"这是他的一个崇拜者的话，这人清楚地赞扬六·六的发现是如此伟大奇妙。

"我亲爱的同事，"保罗·埃尔利希说，"我们同甘共苦，我们永不言弃，我们一起奋斗着!"

后　记

　　本套丛书是选取世界上一流科学家的故事的经典科普读物，为读者形象地讲述了关于科学的故事，分别从动物、元素、宇宙、大地、物理等方面给读者讲述宇宙万物的奥秘。本套丛书间接告诉每一个读者一个真理：人与世界是息息相关的，爱护、保护这个世界其实就是爱护、保护我们人类自身。

　　书中讲述的那些伟大的科学家用他们渊博的知识、清晰的思路、优美的文字和通俗的语言来表达自己对宇宙、对自然、对生物以及对人类的看法。在科学里有很多绝妙而稀奇的思想，这些常常被关在小匣子里，只有拿着钥匙的很少一部分人才可能接近并了解它们，这在我们看来有点可惜，他们打开那个匣子，思想在飘散，摆脱那些数学的束缚，跳出以往的历史阴影。他们承担起为这个社会服务的责任，这世界上有太多专业化的东西妨碍了我们走进科学的奥妙世界。

　　书中往往将复杂的科学观点通过简单的语言和生活事例来表述，读者并没有经历复杂的思考，可以轻而易举地了解太多的东西。

　　这些书首次出版，很快在全世界畅销，现已被译成几十种文字在全世界流传。

　　我们邀请了几位翻译界的资深人士对这套丛书重新翻译，那准确的用词、精妙的文采，通俗晓畅，使更多的中国读者特别是青少年读者能够和大师们的思想有更近的接触。如果您能从这套丛书中有所受益，那是我们最大的欣慰。